Japanische Liebeskunst

Das japanische Kopfkissenbuch

Herausgegeben
von Werner Heilmann

ORIGINALAUSGABE

WILHELM HEYNE VERLAG
MÜNCHEN

HEYNE ALLGEMEINE REIHE
Nr. 01/8253

INHALT

VORWORT

Das Japan der Gegenwart mit dem gefährlichen Expansionsdrang, dem starken Yen und den flotten Autos ist uns vertraut. Und was fällt dem Europäer ein, denkt er an das historische Land der aufgehenden Sonne? Samurais, Kamikaze-Flieger, Harakiri, Madame Butterfly – und Geishas. Mit den letzteren verbinden wir die Vorstellung von raffiniertem Sex; im Hinterkopf tauchen die Abbildungen japanischer Damen auf, die sich, den Kimono hochgeschürzt, der Konfrontation mit dem gewaltigen Penis eines schwertumgürteten Liebhabers ausgesetzt sehen.

Wie pauschal obige Begriffe abgehandelt werden, fällt uns bei einigem Nachdenken ein. Die Geishas betreffend wissen wir vielleicht sogar, daß sie hochartifizielle Künstlerinnen waren, deren Dienstleistungen aus geistreichem Geplauder, Musik, Gesang, Spielen auf der Laute und nur in seltenen Fällen aus Fingerspielen am Gast bestanden.

Wie aber verhält es sich wirklich mit der Erotik im Inselreich? Ein geschlossenes Werk, ein Kompendium der »japanischen Liebeskunst« ist uns nicht überliefert. Bis ins 16. Jahrhundert beherrschte der Zen-Buddhismus das geistige Leben, unterlagen die künstlerischen Ausdrucksformen in Literatur und Malerei strengen Regeln, die Abbilder des realen Lebens nur in symbolisch verfremdenden Masken und Metaphern zuließen.

Das änderte sich in den Jahren zwischen 1603 bis 1868, während der Zeit der Tokugawa-Shogune. Ein 250jähriger Friede brachte Wohlstand und Lebensgenuß auch für normale Bürger. In den drei Großstädten Osaka, Kyoto und Edo (dem heutigen Tokio) entfaltete sich eine Vergnügungskultur, die ihresgleichen sucht. Es gab erotisch-pornographische Romane und Erzählungen, es gab den neuen volkstümlichen Stil der *Ukyio* – ein Begriff, der die ausgelassene Hingabe an alle Sinnenfreuden bedeutet. Und es gab die teils handkolorierten Holzschnittbücher, unter der Bezeichnung *Shunga* bekannt, was soviel wie »Frühlingsbücher« bedeutet.

Brautleute erhielten diese »Kopfkissenbücher« als Geschenke von wohlmeinenden Verwandten, man zeigte sie aber auch widerspenstigen Damen, um sie der körperlichen Liebe geneigter zu machen; und in Yoshiwara, dem Vergnügungsviertel Edos, lagen sie zur Animation der Kundschaft bereit. Dort gab es Ende des 17. Jahrhunderts immerhin in 50 Häusern etwa 6000 zu »normalen« Liebesdiensten bereite Sing- und Tanzmädchen (nicht zu verwechseln mit den eigentlichen Geishas), darunter 2000 große Kurtisanen, die das höhere Raffinement boten.

Nur in den Holzschnittbüchern finden wir das, was man als »Anleitungen zur körperlichen Liebe« bezeichnen könnte, und so sind auch in diesem Band die eindrucksvollsten Beispiele dafür versammelt, wie erotische Liebe sich im Genius japanischer Künstler darstellt. Neben einigen literarischen Texten, die vermitteln, wie sublim die Poesie sich im Gegensatz zur bildenden Kunst auszudrükken verstand, beeindrucken die Abbildungen durch ihre Freizügigkeit – und die Demonstration der enormen männlichen Potenz, die ganz offensichtlich nichts mit den realen körperlichen Eigenschaften eines von der Konstitution her eher zierlichen Volkes zu tun hat. Führen wir letzteres auf die Traditionen einer ganz eigenständigen, dem Überleben auf begrenztem Raum verpflichteten Kultur zurück, so sollte uns die Freizügigkeit der dargestellten Szenen am allerwenigsten stören – ihr liegt eine Unbefangenheit zugrunde, der die »Moral« unseres Kulturkreises nichts entgegenzusetzen hat.

Werner Heilmann

DIE VERGNÜGUNGEN DER LIEBE DES MEISTERS HISHIKAWA MORONOBU

此枕絵書は菱河氏大和一流之絵
師として筆圖を尽されける花洛
又は田舎よりのへおもてへまふ
よりにに福行者也

大和畫師
菱河氏畫之

天和三癸亥載初春日

本通油町
山形屋販行

11

醫峯
山聲香

14

15

圖育風獨一

18

醫酉和

月筆

22

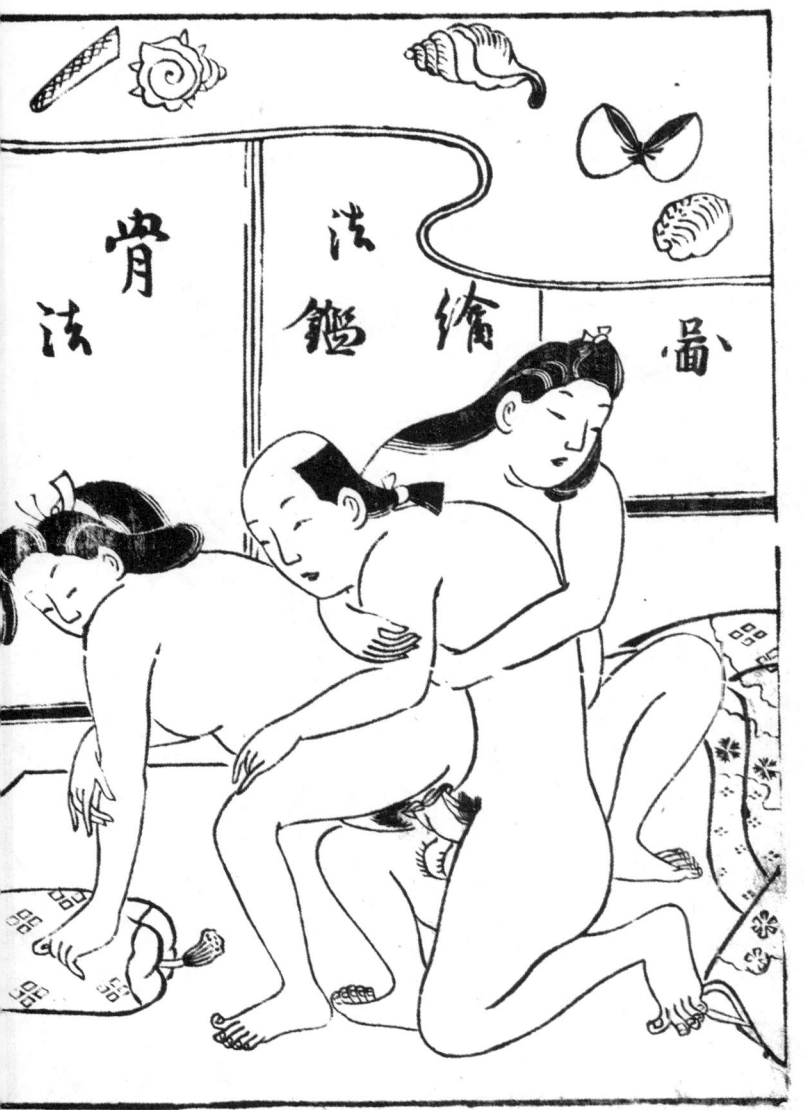

宵
法

法
鑑
繪

畾

23

24

26

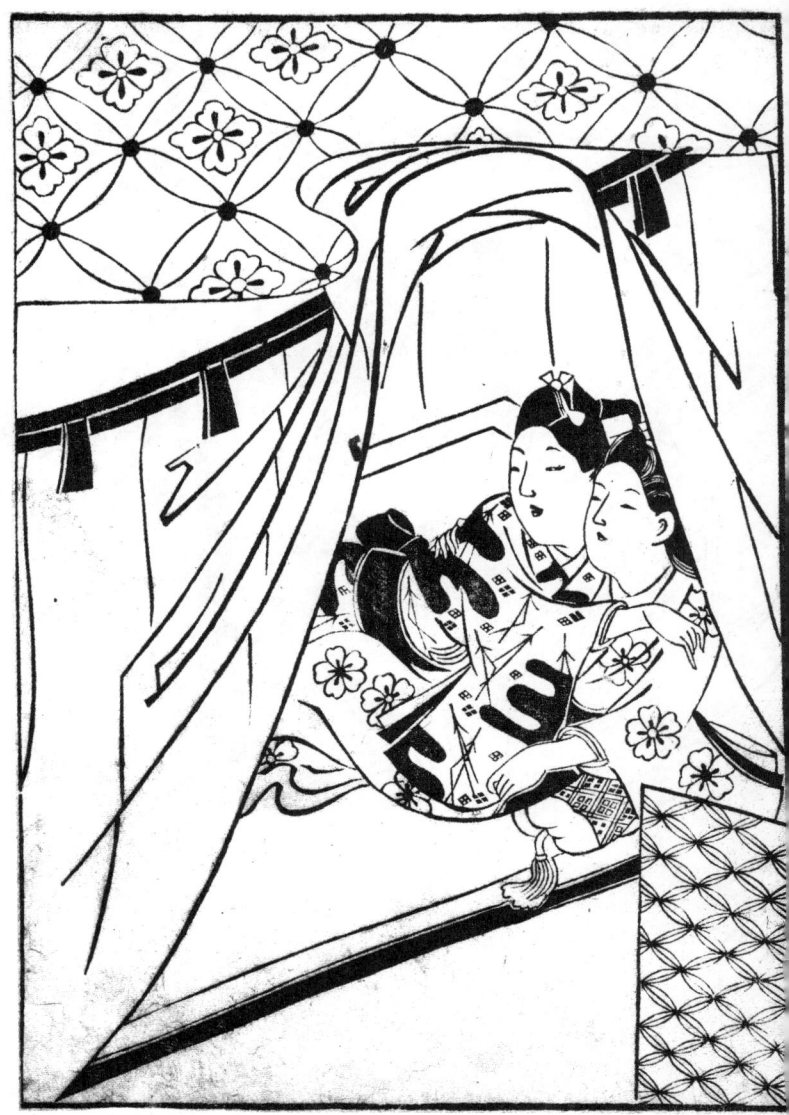

33

文帝

明月

記

34

谷風　高雄

獨登子

35

曖昧薬

春人間

無奇物

風得

36

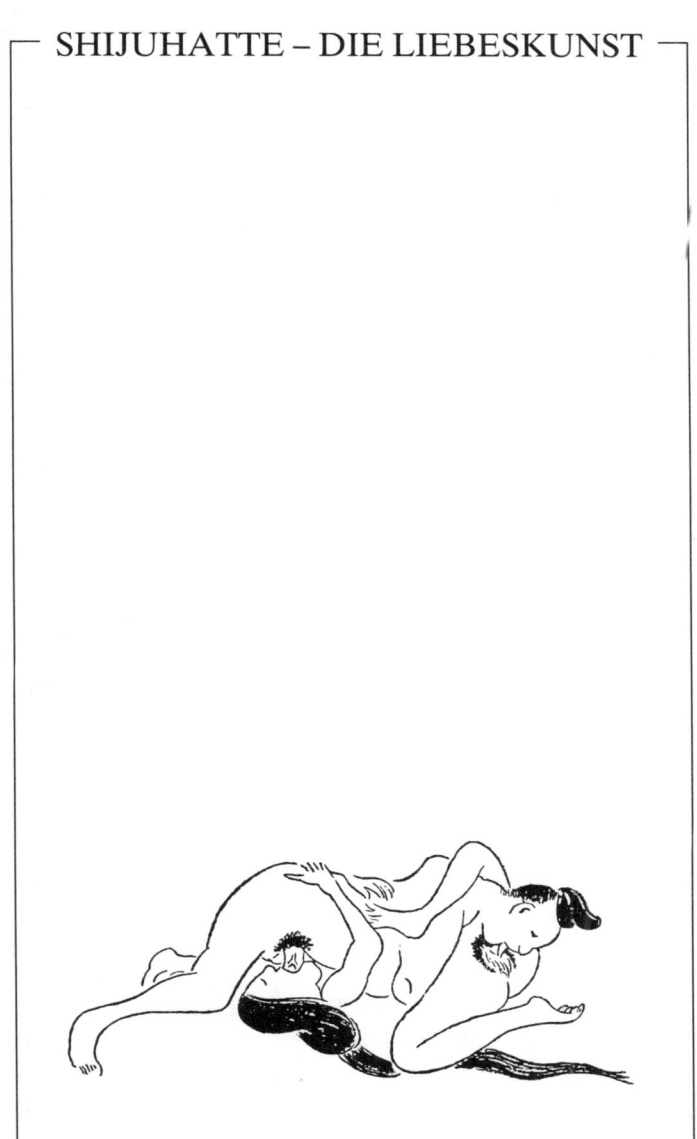

SHIJŪ-HATTE

Die Stellungen beim Koitus

Das Wort »Shijūhatte« bedeutet wörtlich: die achtundvierzig Griffe oder Kunstgriffe der Ringer, im übertrage-
nen Sinn: die achtundvierzig Stellungen beim Koitus,
oder, wie man mit einem gelehrten Ausdruck sagt: die
achtundvierzig Figurae veneris. Man darf aber nicht er-
warten, daß in den folgenden Angaben über die Koitusstellungen bei den Japanern wirklich auch wohlgezählte
achtundvierzig Arten aufgeführt werden. Denn einmal
haben es die Japaner offenbar nicht so weit gebracht wie
die Inder, und dann geben weder die literarischen Unterlagen noch die im Volk vorhandenen Lieder oder Sprüche
Gelegenheit, die bestimmte Anzahl von Koitusstellungen
zusammenzubringen. Shijū-Hatte ist eben nur eine Über-
tragung auf ein anderes »Ringen«, bei der der Begriff der
feststehenden Zahl 48 ganz verlorengegangen ist. Deshalb
nennt man auch den Koitus »Toko-Sumō« oder »Toko-
Zumō«, den Bettringkampf, oder besser: Ringkampf im
Schlafzimmer.

KŌKWAI

»Kōkwai« ist der Koitus in der gewöhnlichen Stellung, bei
der der Mann oben und die Frau unten liegt. Nebenher hat
das Wort auch zuweilen die Bedeutung des unerlaubten
Geschlechtsverkehrs. Macht die Frau die Schenkel weit
auseinander, so daß der Mann seine Schenkel dazwischen
legen kann, so nennt man diese Stellung mit einem Gassenwort »Augibako«, die Schachtel für einen zusammen-

klappbaren Fächer, weil der Koitus in dieser Stellung wie eine solche Schachtel aussehen soll. Der Ausdruck hat nichts Unzüchtiges an sich, feiner ist allerdings »Matomo«, was man mit »von Angesicht zu Angesicht« übersetzen kann, während »Jōtai«, von Angesicht zu Angesicht reiten, die Sache schon deutlicher ausdrückt.

»Honte«, der kunstgerechte Griff beim Ringen, ist das Wort für die sogenannte natürliche Lage, Vorderseite gegen Vorderseite, die man folgendermaßen beschreibt: Die Frau liegt auf dem Rücken und hat die unteren Extremitäten weit auseinander und die Knie- und Hüftgelenke halb eingebogen; der Mann liegt auf ihr mit seinen Schenkeln zwischen den ihrigen, wobei er sich auf die Hände oder die Ellbogen stützt. Dafür sagt man auch »Homma«, das wäre die »wahre« Stellung (Honma). »Bei dieser Stellung vereinigen die beiden ihre Lippen zum Kuß oder eher zum Zungenkuß, den wir Osashimi nennen.« Diese Angabe ist wichtig, weil viele Reisende behaupten, in Japan küßte man nicht!

Mit Honte gleichbedeutend ist »Jinori«, das gewöhnliche oder übliche Treiben. Als Jinori kann man auch das »Kamo no Irekubi« ansehen. Der Ausdruck bedeutet: die Gestalt einer Wildente, die den Kopf unter ihren Flügel steckt. Aus dem Bild ergibt sich, daß der Koitus darin besteht, daß die Frau halb sitzend die Beine über dem Rücken des Mannes kreuzt, während dieser seinen Kopf unter einem Arm der Frau hindurchsteckt, mit einem Arm sie um den Hals, mit dem anderen um den Rücken faßt.

Liegt das Paar bei der Kōkwai-Stellung nicht Angesicht zu Angesicht, sondern der Mann quer über der Frau, so nennt man das »Isuka-Bobo«, den Kreuzschnabelkoitus. Das Wort Isuka ist in diesem Falle eine Abkürzung von »Isuka-ni chigau«, kreuzweise übereinanderliegend wie der Schnabel des Kreuzschnabels.

YOKOZASHI

Das Wort »Yokozashi« bedeutet »in einer Seitenlage (quer) hineinstecken«. Damit ist die Stellung beim Koitus gemeint, wenn das Paar im Bett auf der Seite liegt, so daß sie sich dabei von Angesicht zu Angesicht sehen. Dafür sagt man auch »Yoko-Tori« oder »Yoko-Dori«, die seitliche Lage, oder kurz »Yoko«, seitlich.

CHA-USU

Den Mörser, der zum Zerstoßen des Tees benutzt wird, nennt man Cha-usu (Cha = Tee, Usu = Mörser). Dieser Ausdruck ist zu einem Gassenwort für diejenige Koitusstellung geworden, bei der der Mann unten liegt und die Frau auf ihm reitet. Sie scheint in Japan sehr beliebt zu sein, wie die Senryūs und Volkserzählungen beweisen, die sich mit ihr beschäftigen.

Eine besondere Art des Cha-usu wird folgendermaßen beschrieben: »Der Ehemann legt sich lang ausgestreckt auf das Bett oder auf einen Teppich; die Frau setzt sich in hockender Stellung auf seine Schenkel und schließt ihre Beine fest zusammen, nachdem sie die Einführung des Penis in die Scheide bewerkstelligt hat. Dann bewegt sie ihren Leib kreisförmig, sozusagen quirlend (wie beim Buttern), läßt ihren Mann genießen und befriedigt sich dabei vollkommen.« Das nennt man japanisch »No-no-ji-wo-kaku«, das Schriftzeichen »No« schreiben, oder »Shiri-de-no-no-ji-wo-kaku«, das Schriftzeichen »No« mit den Hüften (Hinterbacken) schreiben. Der Sinn dieser Ausdrücke beruht darauf, daß das japanische Schriftzeichen »No« wie ein Kreis aussieht, etwa wie unser o.

USHIRO-DORI

Die Stellung von hinten heißt japanisch »Ushiro-dori«, das wörtlich die gleiche Bedeutung hat. In dem erotischen Buch »Kōso Myōron« (ein merkwürdiger Wortstreit auf dem Kaiserthron, nämlich zwischen dem Kaiser Huang und der gnädigen Frau Su) wird diese Koitusstellung als »Ko-ho-zei«, die Stellung des einherschreitenden Tigers bezeichnet.

Eine weitere merkwürdige Benennung für das Ushiro-dori ist »Hiyodori-goe-no-Sakaotoshi«, den Abhang von Hiyodori-goe hinunterreiten. Wie dieser Ausdruck für den Coitus a posteriori entstanden ist, wird so erklärt: Hiyo-dori-goe ist ein steiler Gebirgsweg zwischen Fukuhara, Hyōgo-ken, Settsu, und Mino-gun, Harima. Von diesem Passe herunter war Minamoto Yoshitsune, der Held des Genji Monogatari (Die Erzählung von dem Prinzen Genji), mit seinem Pferde gestürmt und hatte das feindliche Heer der Taira (Heike), das im Tale von Ichi-no-tani seine Zelte aufgeschlagen hatte, in die Flucht geschlagen. Von dem Tal Ichi-no-tani wird im Abschnitt über das Skatologische die Rede sein. Dieses Tal war ein altes Schlachtfeld, und deswegen ist sein Name zu einer Bezeichnung für die weiblichen Geschlechtsteile geworden.

Eine etwas verwickelte Stellung des Ushiro-dori ist das »Ebi«, der Hummer. Der Mann liegt halb aufgerichtet auf dem Rücken, während die Frau, die ihm ihren Rücken zudreht, mit tief herabgebeugtem Oberkörper auf dem Penis des Mannes liegt, wobei sie mit ihren Beinen seine Beine umklammert.

Der Koitus im Sitzen, d. h. bei dem der Mann sitzt und die Frau auf seinem Schoße hält, heißt japanisch »Ijausu«, »I-Chausu«, oder »Idori«, d. h. der sitzende Teemörser oder die sitzende Art.

Wenn Mann und Frau auf dem Rücken liegen, wobei der Mann sich unten befindet, und so den Coitus a posteriori ausüben, so nennt man das im Japanischen das »Matsuba«, was soviel bedeutet wie die Nadeln der Kiefer, weil diese, wenn sie abgefallen sind, auf dem Boden kreuz und quer übereinanderliegen, was an die beim Matsuba übereinandergeschlagenen Beine des Paares erinnern soll. Im Volksmund nennt man merkwürdigerweise diese Lage: die Stellung des Ehebrechers und der Ehebrecherin. Man sagt dafür auch »Matsuba-Tsunagi«, die übereinanderliegenden Kiefernnadeln, oder »Ochi-Matsuba«, die abgefallenen Kiefernnadeln.

Wird das Ushiro-dori auf der Erde hockend ausgeführt, wobei sich der Mann hinter der Frau befindet, so heißt diese Stellung »Taue-Bobo«, der Koitus in der Stellung, wie man ein Reisfeld bepflanzt, weil man beim Arbeiten in den Reisfeldern in dieser hockenden Stellung die jungen Pflanzen einsetzt.

DIE ANDEREN SHIJŪ-HATTES

Neben den »üblichen« Shiju-Hatte sind in unseren Unterlagen noch mehrere erwähnt, die wir im folgenden kurz behandeln wollen, weil sie in ihrer literarischen oder volkstümlichen Verwertung in Schrift und Wort treffende Schlaglichter auf japanisches Denken und Fühlen im Geschlechtsleben werfen.

»Tachi-Bobo« ist wörtlich übersetzt: der Standkoitus, wofür wir »der Koitus im Stehen« oder kurz »im Stehen« sagen. Nimmt der Mann beim Tachi-Bobo die Frau so hoch, daß sie die Beine um seine Hüften schlagen kann, so daß also der Mann allein steht, so nennt man das »Mikoshi-Bobo«, den Sänftenkoitus. Mikoshi ist eine kasten-

Katsushika Hokosai
Farbholzschnitt, um 1825

Isoda Koryusai
Farbholzschnitt, um 1773

Schule von Harunobu
Farbholzschnitt, um 1770

artige Sänfte, in der sich Frauen tragen lassen; dieses Wort kann aber auch ein Tempelchen bedeuten, das bei feierlichen Gelegenheiten durch die Straßen getragen wird. Im ersteren Fall wäre der Mann der Träger der Sänfte, im anderen Fall der Träger des Tempelchens.

Wenn eine Frau mit mehreren Männern abwechselnd den Koitus ausführt, so nennt man das »Enza-Bobo«, der Koitus im Kreis herum, oder wörtlich: der Kreislaufkoitus.

Ein Shijū-Hatte, über das die Unterlagen keine Auskünfte geben, heißt: »Uguisu-no-Tani-Watari«, das Überkreuzen des Tales durch ein Uguisu. Das ist der japanische Buschsänger, Cettia cantans, eine Nachtigallenart. Darüber wird folgende lustige Geschichte erzählt:

»Es war einmal ein eifersüchtiger Ehemann, der hatte seiner Frau auf die rechte Seite der großen Schamlippen eine Nachtigall gemalt, um zu verhindern, daß die Gattin während seiner Abwesenheit Ehebruch treibe. Dann ging er weg zu seinem Dienst. Als er nach seiner Rückkehr die Sache untersuchte, fand er die Nachtigall auf der linken Seite! Er nahm seine Frau ins Verhör und hielt ihr vor, daß sie ganz gewiß in seiner Abwesenheit mit ihrem Geliebten Geschlechtsverkehr gehabt habe. Aber die Frau wehrte seinen Angriff sehr gewandt ab, indem sie sagte: ›Weißt du denn nicht, daß die Nachtigall die Gewohnheit hat, über jedes Tal zu fliegen? Das ist doch wirklich kein Wunder, wenn du sie jetzt auf der linken Seite findest!‹«

SHAKUHACHI

Zu den Shijū-Hatte zählt auch Fellatio, Cunnilingus und die Verbindung beider in der Neunundsechzig (69) genannten Stellung.

Shakuhachi ist eine gerade Bambusflöte, die an dem einen Ende geblasen wird; sie heißt deshalb Shakuhachi, weil das Stück Bambusrohr, aus dem sie hergestellt wird, die vorschriftsmäßige Länge von einem Shaku und acht (hachi) Sun (etwa 55 cm) haben muß. Wenn diese Flöte geblasen werden soll, wird die Spitze, die mit der Zunge angefeuchtet wird, in den Mund genommen und beim Hineinblasen der Unterkiefer hin und her geschoben, um die verschiedenen Töne herauszubringen. Nach den Bewegungen der Gesichtsmuskeln, die bei dem Blasen des Shakuhachi entstehen, hat man die Fellatio nach dem Namen dieser Flöte genannt, weil tatsächlich der Eindruck entsteht, als ob der Bläser an der Flöte »lutscht«. Der volkstümliche Ausdruck dafür lautet dementsprechend »Shakuhachi wo sū«, an der Flöte saugen. Einen Penis, der bei der Erektion sich nach oben richtet, wie die Bambusflöte, nennt man Shakuhachizori.

Shita-Ningyō

Der Cunnilingus

Shita-ningyō bedeutet wörtlich die Zungenmarionette, was heißen soll, daß die Zungenspitze mit dem weiblichen Genital spielt wie ein Finger mit der Gliederpuppe, die an einem Draht oder Bindfaden hängt. Shita-ningyō ist wohl das verbreitetste Gassenwort für den Cunnilingus.

Auch die nackte Landschnecke, Limax rufus, ist wohl durch ihre Ähnlichkeit mit der menschlichen Zunge zu einem volkstümlichen Wort für den Cunnilingus geworden. Sie heißt japanisch »Namekujiri« oder »Namekuji«. Trennt man Name-kujiri, so steckt darin obendrein ein Wortspiel, da name = belecken und kujiri = befingern ist.

Nachstehende Volkserzählung aus Kogaimura, Haga-gun, in der Provinz Shimotsuke, gibt eine Erklärung für das Entstehen des »Enashime«; Enashime ist eine mundartliche Bezeichnung für Namekuji.

»Es war einmal ein Mann, der hatte einen ganz gewaltigen Penis. Das war der Grund, weshalb er keine passende Frau finden konnte. So ging er denn auf die Reise, um eine Frau mit einer entsprechend großen Vulva zu suchen. Andererseits war da nun wieder eine Frau, die eine sehr geräumige Vulva hatte; wegen dieses Zustandes ihrer Geschlechtsteile hatte sie keinen Ehemann bekommen können. Deshalb ging sie auf Reisen, um einen Mann mit einem recht großen Penis zu suchen. Diese beiden trafen sich nun in einem Gasthaus, in dem sie wohnten, und hatten zusammen Geschlechtsverkehr. Dabei waren ihre Gefühle so lieblich, wie sie sie seit ihrer Geburt noch niemals gehabt hatten. Bei der andauernden Befriedigung verloren beide so große Mengen an Flüssigkeit, daß sie schließlich beide in eine fettig-wässerige Masse zergingen, weil sie zu viele Orgasmen hatten. Aus der Stelle, wo sie ihren letzten Atem aushauchten, ging das Enashime hervor. Dieses ist der Ursprung der Nacktschnecke.«

AI-NAME

Neunundsechzig

»Ai-name« bedeutet wörtlich »gegenseitiges Saugen« und ist das Gassenwort für die gleichzeitige Ausübung von Cunnilingus und Fellatio durch ein Paar, wird aber im Japanischen auch für zwei Frauen gebraucht, die einander lesbisch lieben. Statt Ai-name kann man auch »Ryōname« sagen, was dieselbe Bedeutung hat.

IROGURUI

Feinheiten der Liebeskunst

Im eigentlichen Sinn ist »Feinheiten der Liebeskunst« keine Übersetzung von Irogurui, das eher Tollheiten der Liebe bedeutet. Man kann auch sagen »Tollheiten des Geschlechtsverkehrs«, denn Iro ist sowohl die himmlische als auch die irdische Liebe. Deshalb kann »Irogoto« ein Liebesverhältnis sein, das Volk versteht aber auch den Koitus darunter; »Iro ni mayou«, von der Liebe zu einer anderen Person entzückt, verzaubert sein; »Iro ni naru«, sich verlieben; »Iro-onna«, die Geliebte, der Schatz; »Iro-otoko«, der Liebhaber, ein ritterlicher Mann, ein schöner Mann; Irome, verliebte Blicke usw.

Im folgenden eine Zusammenstellung der »Feinheiten« der japanischen Ars amatoria, unter Voranstellung des japanischen Ausdrucks:

»Mitokorozeme«, der Angriff auf drei Teile oder Orte, auch »Sangokuzeme«, der Angriff auf drei Gegenden genannt; san ist die chinesische Form der Grundzahl 3, mi die japanische. Man versteht unter diesem Angriff auf drei Örtlichkeiten ein Shijū-Hatte, bei dem der Mann an der Zunge der Frau saugt und ihre Vulva befingert, bis die Frau zum Orgasmus gelangt, während er den Analkoitus ausführt.

Noch verwickelter als das Mitokorozeme ist das »Shikokuzeme«, der Angriff auf vier Gegenden, Reiche oder Staaten. Dieses Shijū-Hatte besteht im gewöhnlichen Koitus, während dessen der Mann an der Zunge der Frau saugt, mit der rechten Hand eine Brustwarze anfaßt und drückt und mit den Fingern der linken Hand die Klitoris kitzelt, bis der Orgasmus eintritt.

»Hyakunade«, wörtlich: einhundert Liebkosungen;

Hyaku = hundert, nade von naderu = streicheln. In dem erotischen Buch »Shunjō Hana no Oboroyo« (Die bewölkte Mondnacht verliebter Frühlingsblüten) findet sich als Beleg für dieses Wort die folgende Angabe:

> »Henoko no ura de Towatari no suji
> wo Hyaku-nade shi.«

> *»Mit der Spitze des Penis streichelte
> er die Stelle des Dammes einhundertmal.«*

Towatari, der Damm, das Perineum, ist eine Abkürzung von Ari-no-Towatari, auch der enge Übergang für die Ameisen genannt.

»Usan-Sasan-Jōriku-Kaichi«, wörtlich: dreimal auf der rechten Seite, dreimal auf der linken, sechsmal oben und einmal unten. Es handelt sich hierbei um ein Reiben der äußeren Schleimhäute der Vulva mit dem Penis, dreimal auf der rechten Seite, d. h. die kleinen Schamlippen und die innere Seite der großen, dreimal auf der linken Seite ebenso, sechsmal oben in der Klitorisgegend und einmal unten am Scheideneingang. Der Ausdruck ist belegt durch das erotische Buch »Kōshoku Koshibagaki« (Die wollüstigen kleinen Hecken).

»Isshin Kusen no Hō«, wörtlich: die Kunst des einen tiefen und der neun leichten Stöße. Eine weitere Erklärung dieser Spitzfindigkeit der Ars amatoria ist wohl nicht nötig. Auffallend ist nur, daß es sich hier, wie auch im vorhergehenden Absatz, immer um die Zahl 3 oder ein Vielfaches derselben handelt. Der Ausdruck ist zu finden in dem »Kō-So Myōron« (eine merkwürdige Debatte zwischen dem Kaiser Huang und der Dame Su), dem ältesten erotischen Buch der Japaner, das von Imaōji Michizō aus dem Chinesischen übersetzt wurde.

»Sentsuki-Hitotaki«, wörtlich: tausend Stöße und ein

Schlag. Über diesen merkwürdigen Ausdruck gibt das Buch »Shikidō Kimpishō« (Die Geheimnisse der Liebeskunst), verfaßt von Tokakusai und veröffentlicht während der Kayei-Periode (1848–1853), die folgende Auskunft:

»In diesem Sprichwort wird uns gesagt, daß eintausend Stöße von einem Mann mit einem kleinen Penis viel weniger zu bedeuten haben als ein Schlag mit einem großen Hodensack. Wenn die Frau sich auf den Rücken legt und die beiden Beine nach oben ausstreckt, dann schlage jedesmal, wenn du deinen Penis einführst, mit dem Hodensack gegen das Perineum. Dadurch wird die Frau ein starkes Gefühl der Befriedigung empfinden, da es eine Art Massage zu sein scheint, die sie den Orgasmus viel früher erreichen läßt, als dies bei der gewöhnlichen Weise der Fall ist.«

DIE GEHEIMNISVOLLEN EIGENHEITEN DER MANNESZIERDE UND DER WEIBLICHEN MUSCHEL

Der Gatte ist dem männlichen Naturprinzip
gemäß herb und aktiv,
die Gattin dem weiblichen Prinzip
entsprechend zart und passiv, deshalb ist das
weibliche Prinzip dem männlichen unterworfen,
wie es das Naturgesetz bei Himmel
und Erde ist.

Was ist der Grund dafür, daß die Frau in der Liebe so überlegen ist? Die Ursache ist, daß sie sich immer nach der Liebe des Mannes sehnt und ihn in der Kunst der Zärtlichkeit übertrifft.

Die drei auf dem obigen Bild gezeigten Tierarten sind vorbildlich für das menschliche Liebesleben: die Wollust der Hühner, der Begattungstrieb der Salamander, die Zeugungskraft der Pferde.

Die Rumpf-Form
(Dō-kata)

Streife diesen Rumpfpanzer über die Eichel des männlichen Gliedes, wenn es die Kraft verliert.

Mädchen-Seufzer-Form
(Hime-naki-gata)

Befeuchte das Glied des Mannes mit Speichel und streife dann diese Hülle über.

Der Seegurke-Ring
(Namako-no-wa)

Dieser Reizring wird hinter die Eichel gestreift. Die Juwelpforte muß gut mit Speichel genäßt werden, bevor das Glied des Mannes eingeführt wird.

Die Glocken-Perle
(Rin-no-tama)

Wird diese Reizkugel in die
Juwelpforte gesteckt, bevor
die Vereinigung stattfindet,
hat die Frau wunderbare
Empfindungen.

Die Helm-Form
(Kabuto-kata)

Dieser Überzug muß aufge-
setzt werden, bevor das
Glied des Mannes ersteift ist.

Die Harnisch-Form
(Yoroi-gata)

Das Glied des Mannes mit
Speichel nässen und dann
diese Reizhülle überstreifen.

Bezeichnungen für den Beischlaf
(Kōgō)

Frauenliebe (Saiai)
Verborgene Angelegenheit (Inji)
Vorhang-Sache (Makubae)
Beratung (Ichigi)
Stamm-Ereignis (Boji)
Liebes-Extreme (Shikikyoku)
Zurechtschieben (Yarikuri)

Die Geschwollene betätigen
(Bobosuru)
Ausüben (Okonau)
Feierlich hinüberleiten
(Matsuri-watasu)
Gebrauchen (Toru)
Überlassen (Seshimeru)

Verborgene Kreuzung (Inkō)
Abschälen (Hegu)
Einmütigkeit (Wagō)
Lust-Entschluß (Kimeru)
Weib-Begegnung (Me-au)
Verankern (Tsunagu)
Die Tröpfelnde reiben
(Tarekaku)
Es vollbringen (Itasu)

Verbindung eingehen (Gosu)
Verknüpfen (Musubu)

Sich paaren (Tsurumu)
Zusammenstoßen (Osu)

Bezeichnung für des Mannes Glied (Henoko)

Die Mann-Wurzel (Nankon)
Das Einzigartige (Ichimotsu)
Der Schmelzofen (Roden)
Das Männliche (Sakuzō)
Das Werkzeug (Dōgu)
Der Perlenstab (Tamaguki)
Der Fleck (Buchi)
Der Fingerähnliche (Shijiko)

Das verborgene Glied (Inkyo)
Der Versucher (Mara)
Das Flintenrohr (Tsutsu)
Der Ruderpflock (Hozo)
Der Trommelschlegel (Teretsuku)
Das Kopf-Gefäß (Zube)
Der Mörserstößel (Kine)

Bezeichnungen für des Weibes Muschelöffnung (Kai)

Die Weib-Wurzel (Nyokon)
Das Geschöpf (Shiromono)
Die Muschelöffnung (Kai)
Die verborgene Pforte (Immon)
Die geheime Fuge (Hitsu)
Das Weib-vorn-Ding (Memeko)

Die Juwelenpforte (Gyokumon)
Die Öffnung (Heki)
Das Näpfchen (Hachi)
Die Reiswein-Schale (Choku)
Die Tröpfelnde (Tare)
Der Mörser (Usu)

Merkmale, um nach den Gesichtsformen der Frauen die Beschaffenheit ihrer Muschelöffnung zu erkennen:

Ein Weib mit schwarzen Augen:	erstklassige Öffnung.
Ein Weib mit Lotusschnitt-Nase:	erstklassige Öffnung.
Ein Weib mit etwas zu dicken Lippen:	mittelklassige Öffnung.
Ein Weib mit einer hellroten Zunge:	erstklassige Öffnung.
Ein Weib mit langer Nasenlinie:	letztklassige Öffnung.
Ein Weib mit viel Weiß im Auge:	letztklassige Öffnung.
Ein Weib mit dünnen Lippen:	letztklassige Öffnung.
Ein Weib mit kurzem Hals:	mittelklassige Öffnung.
Ein Weib mit einer Sattelnase:	letztklassige Öffnung.

Ein Weib mit Flecken im Gesicht: letztklassige Öffnung.
Ein Weib mit einer schönen Nase: erstklassige Öffnung.
Ein Weib mit zu langem Hals: letztklassige Öffnung.
Ein Weib mit Leberflecken im Gesicht: erstklassige Öffnung.
Ein Weib mit üppigem Haarstrang: erstklassige Öffnung.
Ein Weib mit kirschblütenfarbigem Gesicht: erstklassige Öffnung.
Ein Weib mit stark rotem Gesicht: letztklassige Öffnung.
Ein Weib mit krausem Haar: erstklassige Öffnung.
Ein Weib mit langer Gesichtsform: letztklassige Öffnung.

Die Liebeslust befördernde Speisen

Ente (Kamō)
Hühnerfleisch (Kashiwa)
Wildente (Gan)
Süßwasser-Aal (Unagi)
Karpfen (Koi)
Wels (Namazu)
Meer-Aal (Hamo)
Schlammbeißer (Dojō)
Hummer (Ebi)
Ohrenmuschel (Awabi)
Auster (Kaki)
Ei (Tamago)
Achtarmiger Seepolyp (Tako)
Walfisch (Kujira)
Dorsch (Tara)
Salmon (Shake)
Artischocken (Yamanoimo)
Kartoffel-Art (Nagaimo)
Japanischer Sumpfpfeffer (Sanshō)
Petersilie (Seri)
Ginseng (Jinanjo)
Speisekastanie (Kuri)
Sesam (Goma)
Riementang (Kombu)
Lotus (Hasu)
Schwarzwurzel (Gobō)
Bambussprößling (Takenoku)
Buchweizen (Soba)
Rettich (Daikon)
Schwarze Sojabohne (Kuromame)

Suzuki Harunobu
Farbholzschnitt, um 1768

Isoda Koryusai
Farbholzschnitt, um 1773

Kitagawa Utamaro
Farbholzschnitt, 1788

Eine Medizin, um eine zu sehr erweiterte Scheide wieder schmal zu machen:

4 Teile Melone, 2 Teile Mohrrübe

Diese beiden Dinge werden zu Pulver gestoßen und in ein Gazesäckchen getan. Wenn dies in die Juwelpforte hineingesteckt wird, so wird sie sicherlich enger werden.

Ein Mittel, um den Perlenstab des Mannes groß zu machen:

West-Pferd-Pille:

5 Teile Aloeholz, 6 Teile Weihrauch,
6 Teile Myrrhe, 5 Teile Magnolie,
6 Teile Majoran, 1 Teil Gewürznelken,
7 Teile Wegerich, 4 Teile Pfirsichkerne

Diese acht Bestandteile werden pulverisiert und mit Wasser zusammengemischt. Daraus formt man eine Pille in der Größe einer Walnuß. Diese wird in Reiswein eingenommen.

Wenn ein Monat vergangen ist, wird der Perlenstab lang und dick sein.

Die Gemütsarten von Mann und Frau, wie sie nach den Kalenderzeichen des Geburtsjahres übereinstimmen:

Großes Glück:

Mann: Holz (Jupiter)	– Weib: Feuer
Mann: Holz	– Weib: Wasser
Mann: Feuer (Mond)	– Weib: Erde
Mann: Feuer	– Weib: Holz
Mann: Erde (Saturn)	– Weib: Metall
Mann: Erde	– Weib: Feuer
Mann: Metall (Venus)	– Weib: Wasser
Mann: Metall	– Weib: Erde
Mann: Wasser (Komet)	– Weib: Holz
Mann: Wasser	– Weib: Metall

Halbes Glück:

Mann: Holz	– Weib: Holz
Mann: Feuer	– Weib: Feuer
Mann: Erde	– Weib: Metall
Mann: Metall	– Weib: Metall
Mann: Wasser	– Weib: Wasser

Schlechtes Glück:

Mann: Holz	– Weib: Metall
Mann: Holz	– Weib: Erde
Mann: Feuer	– Weib: Metall
Mann: Feuer	– Weib: Wasser
Mann: Erde	– Weib: Holz
Mann: Erde	– Weib: Wasser
Mann: Metall	– Weib: Holz
Mann: Metall	– Weib: Feuer
Mann: Wasser	– Weib: Feuer
Mann: Wasser	– Weib: Erde
Und so weiter.	

Die Reinigung der Juwelpforte soll zwar kurz,
aber mit Sorgfalt und Zärtlichkeit vorgenommen
werden.
Die Frau darf des Mannes Glied nie mit so rauher
Hand berühren, als wäre es ein ungeliebtes
Stiefkind.

Nach der Liebesvereinigung soll die Frau das Glied
des Mannes sorgfältig reinigen.
Wer sich an die Regeln hält, der kann sich
auf den Wegen der Liebe vergnügen,
wie es ihm behagt.

Bei einem Liebeszank oder dergleichen soll die Frau
nicht allzu heftig werden und damit kostbare Zeit
vergeuden.
Vor dem Gatten einen anderen Mann zu preisen,
ist weder klug noch anständig.

DIE MÖGLICHKEITEN
DER GLÜCKSELIGEN VEREINIGUNG
VON MANN UND FRAU

Die Gespielin

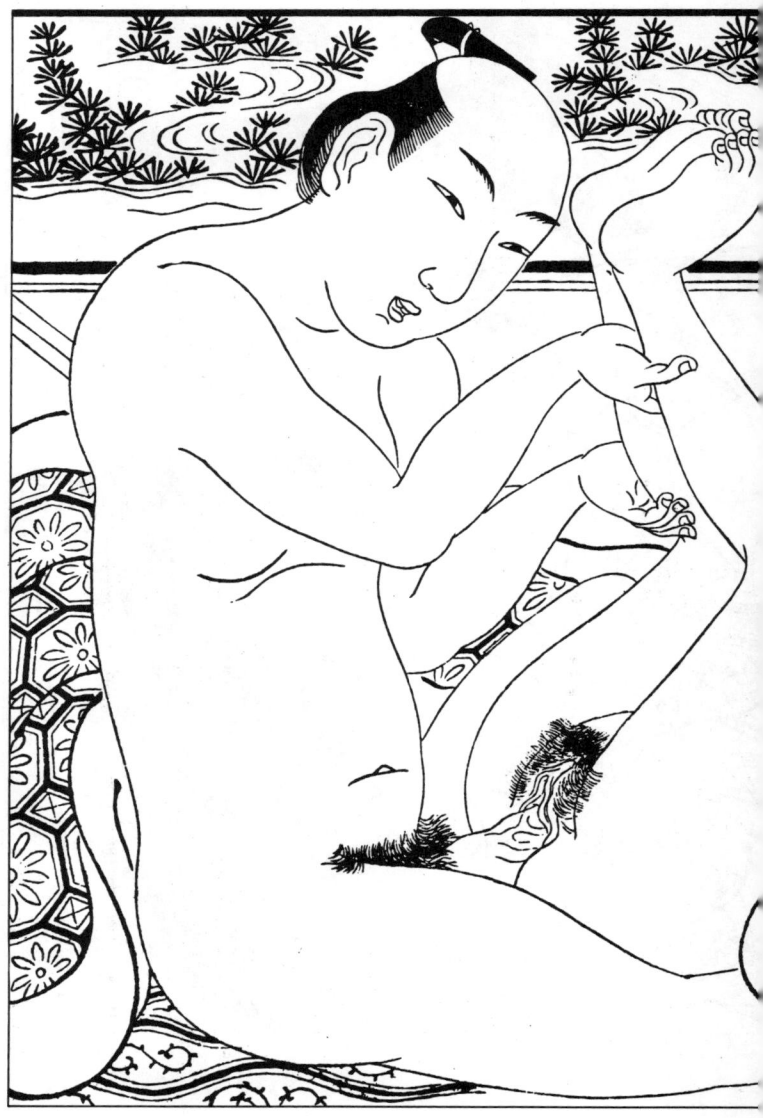

76

Die Konkubine

Die Dienstbotin

Die Zofe

Die Amme

83

1 »Buddhistische Nonne« beim *Arzneimörser-Verkehr*
2 »Fischerin« beim *Teemörser-Verkehr*
3 »Shintopriester« beim *Kopfziehen-Verkehr*
4 »Handwerker« beim *Drechselbank-Verkehr*

5 »Bauer« beim *Frosch-Verkehr*
6 »Badedienerin« beim *Rautenform-Verkehr*
7 »Aufwärterin« beim *Bohnenbrei-Verkehr*
8 »Kurtisane« beim *Affenspiel*

1 »Adliger Krieger« beim *Angelkahn-Verkehr*
2 »Nebenfrau« beim *Pistole-Verkehr*
3 »Hofdame« bei der *Figur von ineinandergreifenden Ringen*
4 »Kaufmannstochter« beim *Netz-in-der-Hand-halten-Verkehr*

AUS DEM TAGEBUCH
EINER GEISHA

WÄRST DU DOCH BEI MIR ...

Morgens verbarg ich
deinen Mantel – wir spielten
Verstecken mit ihm.
Wenn's regnet, blick auf das Reisfeld,
wo naß glänzend der Frosch quakt.

1. Tag

Als heute bereits am frühen Morgen ein Kunde kam, der
wegen seiner beruflichen Pflichten, die sich bis zum späten
Abend hinziehen, sonst keine Zeit hat, fiel mir wieder ein,
wie ich es nach dem Aufwachen am Morgen mit meinem
Liebsten getrieben hatte. Ich empfand selbst in der Erinnerung daran so stark jede seiner Berührungen, daß ich
glaubte, sein köstlicher Juwelenstab stecke noch in meiner
Lotuspforte und stoße hin und her; es war wie ein wunder-
schöner, glücklich machender Traum, aus dem ich jählings
durch das laute »Hallo! Hallo!« des allzu frühen Besuchers
geweckt wurde. Verständlicherweise war ich darüber so
verärgert, daß ich keinen Ton von mir gab und nicht antwortete. Aber das Geschrei des Mannes war derart durch-
dringend, daß sogar meine Hausgenossin Yachijo, die im
allgemeinen einen äußerst festen Schlaf hat, davon erwachte. Was blieb mir übrig, als sie zu bitten:
»Reich mir doch Wasser zum Gesichtwaschen, Yachijo!«
Doch das zog sich hin, so daß der Kunde für diesmal die
Geduld verlor und sich wütend davonmachte. Dabei
wurde er von einem großen Köter aus der Nachbarschaft
so heftig angebellt, daß er voll Schrecken schnell die Gasse
hinabrannte und entschwand.
Ich fand, dies sei so drollig anzusehen, daß ich in ein lautes Lachen ausbrach.

EIN MONDSTRAHL AUF MEINEM KOPFPOLSTER

Wie viele Nächte
sind wir getrennt gewesen!
Die Regenpfeifer von Awaji
tönen durcheinander.
Allein bin ich, unglücklich,
hier in dem Verschlag,
allein, wie verloren.
Wenn doch nur ein Mondstrahl
auf mein Kopfpolster fiele –
einmal nur ...

2. Tag

Ich war zu einer Herrengesellschaft eingeladen, lauter Besucher von außerhalb. Als dann später das bekannte Lied von den Regenpfeifern gesungen wurde und als ich die Zeile vernahm »Wenn doch nur ein Mondstrahl ...«, da wurde ich von lauter Sehnsucht und Verlangen nach meinem Liebsten überwältigt; voll Trauer darüber, daß er nicht anwesend war, liefen mir die Tränen herunter.

Die Leute hatten natürlich keine Ahnung, daß ich aus Liebe zu einem bestimmten Mann weinte, sondern glaubten nur, ich sei gerührt. Als ich nach Hause kam – es dämmerte schon –, hörte ich plötzlich aus dem Dunkel eine Männerstimme, die in scherzhaftem Ton sagte:

»Sie tragen ja noch immer das Wappen mit dem roten Ahornblatt!«

Ich blickte genauer hin und erkannte Herrn Tama, der sich mit einem Lächeln erkundigte:

»Ist Ihnen nicht bekannt, wann Herr Akihira wiederkommt?«

Ich errötete bei der Erwähnung des Namens meines

Liebsten und gab keine richtige Antwort. Ich weiß zwar, daß Herr Tama eigentlich Kozarashi liebt, die ich ein wenig kenne, aber sie ist derzeit verreist. Warum sollten da nicht wir beide uns gegenseitig trösten?

Also lud ich Herrn Tama zu mir ein, und er erledigte seine Sache vorzüglich – vor allem spielte er den Hengst ganz ausgezeichnet.

WAS DAS HERZ MEINT

Mein Herz gleicht fallendem Laub,
ein Blatt ums andere im feuchten Dunst,
so ungewiß wie das Leben.

Der eine mag bestechen,
der andere meint's eher ernst.

Wie die Blätter niedersinken,
so werde ich niemals glücklich sein,
sondern immer allein.

Ein Hirsch röhrt und zertritt
des Ahorns rotes Laub.
Zerrissen ist mein Herz.

3. Tag

Heute hat mich Herr Shosuke zum Sumiyoshi-Fest eingeladen. Er hat bereits beim letztjährigen Fest meine ganze Garderobe bezahlt und mir eine Reihe weiterer Gefälligkeiten erwiesen.

Bevor wir gemeinsam zum Fest gingen, machte er mit mir einen kleinen Ausflug an den Sumiyoshi-Strand. Während Ebbe herrschte, ging er für mich schöne Muscheln sammeln. Als er zurückkam, sagte er:

»Meine Ärmel sind naß geworden, und ich weiß nicht, ob das vom Salzwasser herrührt, in das ich beim Muschelsammeln geraten bin, oder ob es von den Tränen ist, die ich wegen dir vergossen habe ...«

Er ist wirklich ein lieber, anziehender Mensch, der es gut mit mir meint, und es tut mir eigentlich leid, daß ich nicht so viel für ihn empfinden kann, wie er es vermutlich verdient. Aber er sieht nun einmal ziemlich schwerfällig und plump aus, und sein Juwelenstab ist nicht groß und steif genug, um meiner Lotuspforte gerecht zu werden.

WENN DER KUCKUCK RUFT

Am Mond vorbei
fliegt ein Kuckuck und ruft.
Ist's der Mond,
der »kuckuck« ruft?
Langsam weicht die Nacht.
Männer sind grausam,
doch nicht die Frauen.
Sie weinen und klagen nur
bei kurzer Trennung.

4. Tag

Ich habe mich wieder mit jenem Ekel von einem Mann treffen müssen. Er zwang mich mehr oder weniger dazu, mit ihm ein Treueversprechen zu wechseln. Ich mußte also auch meinerseits ein solches Gelöbnis niederschreiben. Danach mußte ich wieder verschiedene Dinge, die mir doch so verhaßt sind, mit ihm zusammen machen. Um mich zu rächen, werde ich den von ihm geschriebenen Teil des Gelöbnisses mit einem entsprechenden Kommentar an meinen Liebsten senden, damit er mit mir später darüber lachen und sich erheitern kann.

Ein Windhauch in den grünen Weiden

So sanft ist der Wind,
daß er über die Weiden streicht,
als ob er sie nicht mehr berühre
denn deine Finger meine Brüste.
Ein vager Schatten nur.
Ganz nah sind gerückt,
unsere Kopfpolster im Bett
an unseren Morgen und
an unseren Abenden.
Nutzlos unser kleiner Zwist,
unsere Versöhnungsbriefe.
Schmeckt Warten bitterer
oder Abschiednehmen?
Ach, wenn wir doch stets
Leib eng an Leib geblieben wären!

5. Tag

Heute blieb ich den ganzen Tag zu Hause. Ein Bote hatte mir schon früh das lackierte Tuschkästchen, das mein Liebster ohne mein Wissen beim Lackmaler bestellt hatte, gebracht. Daß es mit einer wunderhübschen Landschaft, die den Strand bei Waka darstellt, bemalt worden ist, war sicherlich auch seine Idee. Die windzerzausten Kiefern und die dahinziehenden Wolken darüber rufen mir ins Gedächtnis, wie zärtlich wir uns dort unter freiem Himmel geliebt haben – wie wir trotz der frischen Luft unsere Gewänder abstreiften und unsere erhitzten Glieder ineinander verschlangen. Als mein Liebster in mich eindrang, hörte ich zwar den Wind vom Meer her in den Kiefern, aber ich merkte nichts mehr von seinem kühlen Hauch ... All das kommt mir beim Anblick des Tuschkästchens in den Sinn. Als erstes werde ich es benützen, um meinem Liebsten einen Brief zu schreiben.

Sehnsucht nach Liebe

Die Liebelei ist nichts für mich,
nichts das Necken und Tändeln –
in tiefer Liebe will ich sein.

Aufgestellt ist der Wandschirm
gegen den Wind, der voll ist
vom Duft der Pflaumenbäume.

Komm zu mir, daß ich dich liebe
im sanften Licht des Mondes
und fern der Pflaumenbäume.

Doch auf dem Lager danach
werde ich voll Trauer schluchzen;
im Teich quaken Frösche
die ganze Nacht.

6. Tag

Vor kurzem habe ich das Unterhemd mit dem Bild des Liebespärchens, dessen Glieder eng miteinander verschlungen sind, das mein Liebster bei mir vergessen hat, einmal selbst angezogen. Herr Shosuke aus Karatsu, der mich zu dieser Zeit besuchte, sah es, als ich mich entkleidete, und war davon so angetan, daß er es unbedingt haben wollte. Da ich es nicht gut verweigern konnte, schenkte ich es ihm schließlich. Heute erhielt ich nun einen Brief von ihm, worin er mir mitteilte, daß er mir als ein Gegengeschenk einen echt chinesischen Kleiderstoff schicken wolle. Dem Brief waren fünfzig Goldstücke beigefügt, ohne daß er dazu eine Erklärung abgab. Ich konnte die Summe gut gebrauchen, um eine alte Rechnung bei der Schneiderin, die längst fällig war, zu bezahlen. Trotzdem bin ich sehr niedergeschlagen, weil mein Liebster schon so lange von mir fort ist, daß ich seine Hände, die mich so zu erregen vermögen, kaum noch in Erinnerung habe …

Meines Leibes Schoß ist wie der Fels,
den der Meeresstrom bei Ebbe nicht umspült.
Nimmer weiß mein Leib,
wie lang die Trockenzeit währt.

O diese Leidenschaft!
Nicht auszuhalten so tiefe Wonne.
Wie ließe sich da verschweigen
der Jubel der Liebeslust.

Hastige Freuden,
zu eiliger Gast …
Wer könnte sich ganz hingeben,
wenn Eile die Liebe schmälert.

Herzliebster, verzeih
meine Trägheit.
Der erste Sonnenstrahl erst
hieß mein Verlangen erwachen.

Er besiegte mich,
und ich gab mich ihm hin.
Schon lange so feucht vor Begierde,
als wäre mein Leib vom Regen benetzt.

Noch zögert die Jungfrau –
will sie, will sie nicht?
Doch den, der sie öffnet,
wird sie nie vergessen.

Wie gerne hätte ich mich
ihm hingegeben.
Doch ich fürchte so sehr
eigenes Ungeschick.

Wie tief vereint wir nachts auch waren
– als der Morgen graute,
schien uns so kurz die Zeit.
Schon traf uns der Trennung Schmerz.

Der Keuschheit müde,
gab ich mich endlich ihm hin.
Warum nur läßt er mich jetzt
die Nächte so einsam verbringen?

Für alle Zeit uns zu lieben,
versprachen wir uns.
Doch erschöpft von der Lust,
wünsch ich mir manchmal den Tod.

Wie schön war dieser Abend
mit dir.
Noch viele solcher Stunden
möcht ich genießen.

Wie trostlos ist es zu dürsten
nach der Lust unsrer Leiber.
Sehnsüchtig verlangend
rufe ich deinen Namen.

DAS KOPFKISSENBUCH
DER DREIFACHEN
SEELENVERWANDTSCHAFT

1

Für den im Jahr des Pferdes geborenen Mann sind Frühling und Sommer gute, Herbst und Winter weniger gute Jahreszeiten. Er sollte in seinem 27. Herbst oder Winter, in seinem 29. Sommer oder aber in seinem 30. Frühling die Ehe schließen. Dann wird es mit Bestimmtheit eine gute Ehebeziehung sein. Er wird zwei Kinder haben.

Ein Pferd-Mann war in seiner vergangenen Existenz einst unterwegs nach Ise, und als er so über den Berg ging, lief ihm ein 18- bis 19jähriges Mädchen entgegen. Er fragte sie, wer sie sei, und sie antwortete ihm: »Man hat mich entführt und heftig geschlagen. Bitte hilf mir!« Er empfand Mitleid und brachte sie zu ihrem Haus zurück. Überraschend schnell entwickelte sich ihre Beziehung, und sie heirateten. Die Eheschließung in der gegenwärtigen Existenz ist durch Schicksalsfügung die Fortsetzung der Beziehung aus der Vergangenheit. Die beiden Partner werden sich nicht nur in diesem Leben wahre Liebe schwören, sondern auch in ihrer zukünftigen Existenz die Beziehung fortsetzen. Beide werden in der Ehe glücklich und wohlhabend sein.

2

Für die im Jahr des Pferdes geborene Frau sind Sommer und Herbst gute, Frühling und Winter weniger gute Jahreszeiten. Sie sollte mit zwölf Wintern, 15 Frühlingen oder 19 Herbsten die Ehe schließen. Diese Beziehung wird dennoch nur zur Hälfte gut sein. Sie wird zwölf Kinder haben.

Eine Pferd-Frau war in ihrer früheren Existenz ein Mann. Er fühlte sich von seiner sehr schönen Tante äußerst angezogen. Eines Tages schlich er in ihr Schlafzimmer. Sie lag in tiefem Schlaf, und so umarmte er sie heftig und liebte sie. Da erwachte die Tante und erkannte ihren Neffen. Aber sie konnte ihre Gefühle für ihn nicht ersticken, und so ließ sie die heimlichen Besuche ihres Neffen weiterhin zu. Sie liebten einander, denn sie waren ihrem Schicksal gegenüber machtlos.

Diese Liebe aus der Vergangenheit wird im gegenwärtigen Dasein fortgesetzt: Der Neffe wird als Frau wiedergeboren, und die Tante kommt diesmal als Mann auf die Welt. In diesem Leben werden beide die Ehe schließen.

○ちりぬるを
ゆめみてくろう川秋
うーうろ そしも
んづさ八十のそ
ふーのうろうすめの
わきろ川れうき
べーうう为佐为ん
者さ十二のんひ
あさんてうす
めわめしれてそう
ひ八ハうまを村
うけぐくるれてそ
けんじの为やまち
のびよ彼つりろ
ふとりひよう
ひくていうつき
やろうまれいあく
おろうりせん入
わとさ如れ
あろつうりろよ
ものびくふろん
んざさむりうム
んんてよじで
今せくくうりとん
らくらり村に坊
やくろう坊に

3

Für den im Jahr der Ziege geborenen Mann sind Frühjahr und Herbst gute, Sommer und Winter weniger gute Jahreszeiten. Er sollte in seinem 20. Sommer, 23. Winter, 30. Frühling oder 33. Herbst heiraten. Es wird eine gute Beziehung zwischen ihnen bestehen. An Kindern wird es ihnen aber mangeln.

Ein Ziegen-Mann war in seinem vergangenen Dasein Besitzer eines Zwergpflaumenbaumes. Einst schnitt er einige besonders schöne Zweige ab und schnitzte daraus eine große Ebisu-Figur (Gott des Reichtums). Er stellte sie in nordwestlicher Richtung zur Anbetung auf. Der Geist dieses Pflaumenbäumchens begleitete diesen Mann bis hinein in die gegenwärtige Existenz und wird als eine anmutige Frau geboren. Beide gehen ein liebevolles eheliches Verhältnis ein.

○おもひ川、
かたるもさらに
せん／＼や。
つもる思の
火とやらん、
さん／＼ほくろ
かゝとの先の
ちゝとむすこと
みへにけり、
ねんごろ
こんにやくも、

きかぬ恋よと
いふうちに、
いまこそうれし
ゆられうよ、
ひとつところに
ゐるとても、
もとよりしらぬ
あひさうな、
せきをせかれて
せき／″＼と、
しやくにさはつて
けふこよい、
どふもこふも
あのひとに、
けふりの／／の
すひつきやいの、

このは／＼の
ひろ／＼として
われ人の、
やれ／＼とばかり
くれ竹の、
のびゆくすへの
ひとふしを、
ふくれうやら
ふられうよ、

4

Für die im Jahr der Ziege geborene Frau sind Herbst und Winter gute, Frühling und Sommer weniger gute Jahreszeiten. Sie sollte im Sommer ihres 17. Lebensjahres oder im Frühling, Herbst bzw. Winter ihres 19. Lebensjahres die Ehe schließen. Die Beziehung wird gut sein, und die Frau wird zwei Kinder haben.

Eine Ziegen-Frau war in ihrem vergangenen Dasein eine Kalligraphin. Eines Tages pinselte sie eine schöne Schrift und widmete sie anschließend einer Gottheit. Ein Jüngling besuchte den Schrein dieser Gottheit und betrachtete lange und eingehend diese Schrift. Er selbst war mit der Kunst der Kalligraphie sehr vertraut und wußte daher ihr Werk besonders zu schätzen. Die Frau freute sich über seine Anerkennung und empfand sogleich eine tiefe Zuneigung zu dem jungen Mann. Sie schrieb ihm häufig, und es entstand eine Beziehung zwischen ihnen.

In der gegenwärtigen Existenz setzt sich ihre Beziehung fort. Sie erneuern ihr Liebesversprechen und werden wieder ein Paar.

Katsukawa Shunchō
Farbholzschnitt, um 1785

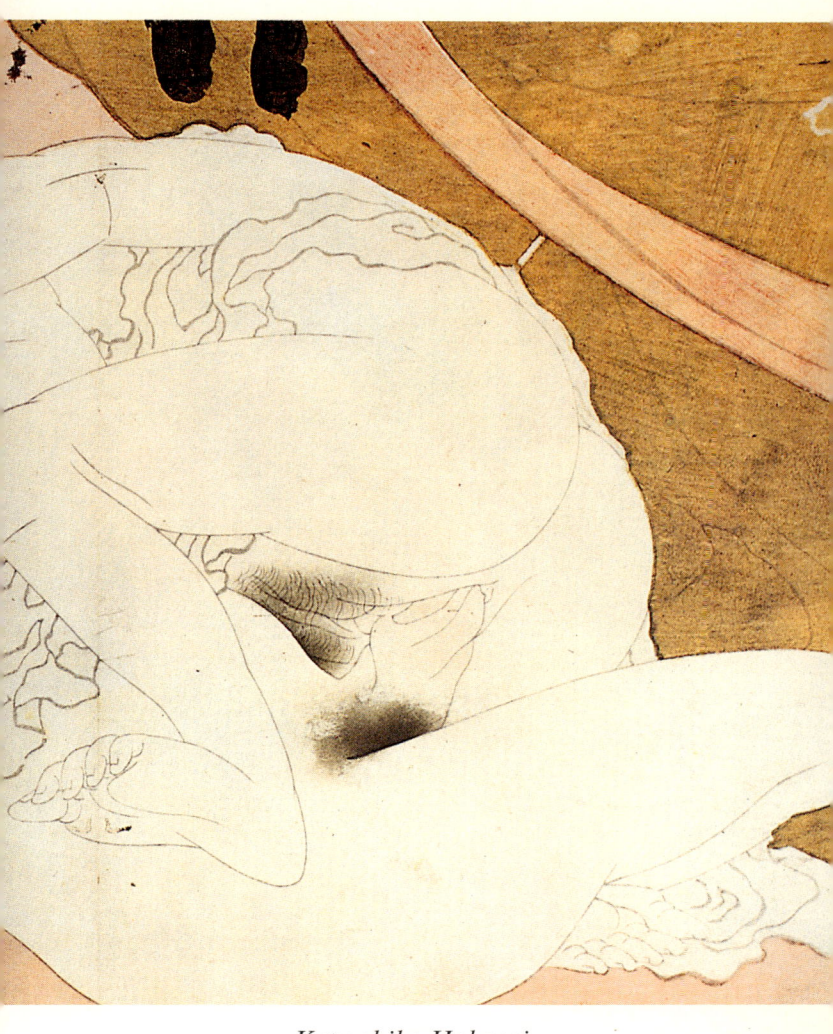

Katsushika Hokusai
Farbholzschnitt, um 1825

Isoda Koryusai
Farbholzschnitt, um 1772

○ああのとうよ
せ池へ今々あさ
そう/まうろ
らをろんそくそ
そのろうすすの
ましろなをん言
中二人のと
ろうさろうろ
何かくとうくれ
せんきうげなせん
りのをろえれ
くとう方がぐ
とつくうぐめう
かわろ/げのぼ
しまゝのよ/あう
くへとうりけ
ねのくうろい
今せ/くうろ
のくろえん
れしうの/をん

5

Für den Mann, der im Jahr des Affen geboren ist, sind Frühling und Herbst gute, Sommer und Winter weniger gute Jahreszeiten. Er sollte im Sommer bzw. Winter seines 21. oder im Herbst seines 27. Lebensjahres heiraten. Wenn diese Jahre verstrichen sind, sollte es in seinem 47. Frühling sein. Gewiß wird seine Ehe gut sein. Die Wahrscheinlichkeit, Kinder zu haben, ist bei ihm nicht sehr groß.

Ein Affen-Mann war in seiner früheren Existenz ein Arzt. Einst behandelte er eine junge Ehefrau, die schwer erkrankt war und in Lebensgefahr schwebte. Er wandte verschiedene Behandlungsmethoden an, und es gelang ihm, sie zu heilen. Da diese Frau von Natur aus eine Schönheit war, war der Arzt von ihr hingerissen, und eines Tages, während ihr Mann abwesend war, begab er sich heimlich zu ihr und gestand ihr seine Liebesbegierde. Die Frau erfüllte seinen Wunsch, da er ihr Leben gerettet hatte. Diese schicksalhafte Begegnung wirkt in die gegenwärtige Existenz von beiden hinein. Sie gehen in diesem Leben eine Ehebeziehung ein, in der ihre Lust volle Befriedigung findet.

○申の年八月ひる
やまとことまあけし
あつさよる行ぬし
大口のつゆらさその
あさけはものろうる
くさこまうじつぬめ
いなかよしよれきん
やもち一くいつこ
うあそ二人のやうり
もよくのりこみで
れてうくのらこよ
こやさゆてろとこよ
いやうさきゃそこ
えうゝびてめく
こむしがけれくき
タ上いろこそろ
ろうろてきゃけ
あくざひきるゆ
ものうゆれてき
いうれをかくめ
やうれこしゆり
うあんうきでで
いくろくろよて
くねくっうり
へなうこのて

6

Für die im Jahr des Affen geborene Frau sind Sommer und Herbst gute, Frühjahr und Winter weniger gute Jahreszeiten. Sie sollte die Ehe im 15. Winter, 16. Frühling, 17. Herbst oder in ihrem 24. Sommer schließen. Es wird eine mittelmäßige Ehe. Die Wahrscheinlichkeit, Kinder zu haben, ist bei ihr sehr gering.

Eine Affen-Frau war in ihrer früheren Existenz ein buddhistischer Mönch. Eines Tages besuchte eine Ehefrau aus seiner Gemeinde den Tempel und bat ihn, etwas für ihr Wohlergehen in dem kommenden Dasein zu tun. Er erklärte sich gern dazu bereit und brachte sie in ein Hinterzimmer, in dem auch eine Sitzgelegenheit vorhanden war. Er drückte die Frau an seine Brust und preßte seine Lenden gegen die ihren. Auch der Frau gefiel dieser Weg, sie war keineswegs ablehnend und ließ sich von ihm verführen. Da diese Begegnung in der Vergangenheit das Schicksal des jetzigen Lebens bestimmt, wird dieser Mönch als Frau wiedergeboren und geht so eine Ehe ein.

しちをの一うつぶ
そくへめるあり
わをきはてうつめ
ろろみやつき三十
いめ大そ六の去を
の丸さやにのろう
ろん宝三べ一つ
ぬうへは宝み吾手
いけ十古けん人ろ
こえ手むうけう
しつうんをつや九
か一さんげりいれ
生のうてもうつで
ぞ二うくいうさらみ
さへくういうろう
さいをろくいてり
るいゆろくいぢて此
こい一とうつけぬパ
ずおいでふんれ
しんべろろうてや
ういんやうくてう
いさんやくてう
きずてかすうえろ
て中れりとより
へへなのちをうと

133

7

Für den im Jahr des Hahns geborenen Mann sind Sommer und Winter gute Jahreszeiten. Er sollte in seinem 20. Frühjahr, im Herbst oder Winter seines 25. bzw. im Sommer seines 28. Lebensjahres heiraten. Es wird eine mittelmäßige Beziehung. Er wird keine Kinder haben.

Ein Hahn-Mann war in seiner früheren Existenz ein musisch vielseitig begabter Mensch, der auch Unterricht erteilte. Einst kam die Tochter eines gewissen Mannes zu ihm, um sich bei ihm künstlerische Fähigkeiten anzueignen. Sie war ein zartes Wesen, und so verliebte er sich in sie. Er tat alles, um sie zur Heirat zu bewegen. Da sie ihn aber allzusehr verehrte, war sie zu scheu, um einzuwilligen. Daher sah er sich gezwungen, die Heirat durch die Vermittlung ihrer beiden Eltern zu erreichen. So schlossen sie schließlich doch noch die Ehe miteinander. Da sie beide in diesem Leben tief religiös sind, wird ihre Ehebeziehung aus der Vergangenheit nicht nur in dem gegenwärtigen, sondern auch in dem zukünftigen Dasein fortdauern.

○献立年をふるまへ
おさんとるへの百
とりをんつきさと
まてきんさとらへの
のひとめもらふて
ようちきもらへて
やうらうさらてゝ
いろとけひいとう
よろしけれはさく
ざいれれつらくつ
ん字てらんきもの
ぬわいちくきくちて
みつれあゝととゆく
とのりはよう人
くゝもいくたてくく
やうちんのかゝかの
もちきてゝのきく
なれゝのせれふ
けれさてのせれふ
云せまてゝらうし

○献れうス先んの
われゝ先んの
女れゝスあれたの
ろん宅くめくゝも
ぬわいちあとゝひえ
みうんくとゝゆく

135

8

Für die im Jahr des Hahns geborene Frau sind Herbst und Winter die guten Jahreszeiten. Sie sollte im Frühjahr ihres 21., im Sommer oder Herbst ihres 22. oder im Winter ihres 25. Lebensjahres heiraten. Es wird eine gute Ehe, aus der neun Kinder hervorgehen.

Eine Hahn-Frau stand in ihrer vergangenen Existenz, obwohl aus gutem Hause, im Dienste eines gewissen Herrn. Ihr Herr war jung, und als er eines Tages in seinen Garten ging, um sich zu entspannen, brachte die Frau ihm dorthin seinen Tee. Als sie ihm die Schale reichen wollte, machte er eine Bewegung zu ihr hin, als ob er den Tee entgegennehmen wolle, nahm aber statt dessen die Frau in seine Arme und schlief mit ihr. Einige Zeit darauf schlossen sie infolgedessen die Ehe. Aus dieser Beziehung in ihrem vergangenen Leben bestimmt sich das Schicksal für die Gegenwart, sie werden wieder in dieselbe Zeit hineingeboren und bilden erneut ein Paar mit einer sehr guten Beziehung.

○ある年には彼
こやらわきのか
うらうんハかのころ
たところうろ秋をみ
のそそんづさ宝
じたるふのいの若
んぬのらうげん
そそくめそれっら
から一つこれつっ
やらつぎんる
そのしらっしぢ
うこのしっつう
よらのしろの
あくうろろのそえ
らってせとこ
のうかうらしめ
のづれこゝろ
うぢやはりえっ
うってせとこし
ひろらつ一ろ
そのくろこんな
らやろうんへ
つれうっりのめ
りれてっろ
しらろうよくる

137

9

Für den im Jahr des Hundes geborenen Mann sind Sommer und Winter gute, Frühjahr und Herbst weniger gute Jahreszeiten. Er sollte in seinem 19. Herbst, seinem 21. Frühjahr bzw. Winter oder in seinem 29. Sommer die Ehe schließen. Die Ehe wird gut, und sie haben drei Kinder.

Ein Hund-Mann ging in seiner früheren Existenz einst zu einem Heilbad. Als er das Badehaus betrat, überschritt gleichzeitig eine vornehme Dame mit niedergeschlagenem Blick die Schwelle. Beide nahmen einander interessiert wahr. Der Mann konnte seine Gefühle für sie kaum zurückhalten. Durch einen Vermittler ließ er ihr wiederholt Briefe überbringen. Mit der Zeit offenbarte sie ein empfängliches Herz für ihn. Schließlich ließ sie ihren Gürtel fallen, und sie liebten einander.

Diese Begegnung in einer früheren Existenz wirkt sich auf das Schicksal im gegenwärtigen Dasein aus, und sie schließen nunmehr die Ehe und haben ein lusterfülltes Leben.

10

Für die im Jahr des Hundes geborene Frau sind Sommer und Herbst gute, Frühjahr und Winter weniger gute Jahreszeiten. Sie sollte im 14. Winter, 16. Frühjahr und danach im 18. Herbst oder 19. Sommer heiraten. Es wird eine gute Ehe, und die Frau wird drei Kinder haben.

Eine Hund-Frau war in ihrem früheren Leben eine wohlhabende Person. Sie verlor ihren Lebensgefährten schon in sehr jungen Jahren. Nachdem aber einige Zeit verstrichen war, gab sie ihre Traurigkeit auf und dachte sich, daß es sehr einsam wäre, niemanden bei sich zu haben, und so hingen ihre Augen ständig an einem jungen Ladengehilfen. Mit der Zeit trafen sie sich heimlich und schliefen miteinander.

Dieses Verhältnis der Vergangenheit wirkt sich auf das Schicksal des gegenwärtigen Lebens aus. Obwohl sie in diesem Dasein einen guten Ehemann hat, trifft sie sich weiterhin mit einem Ladengehilfen, und verborgen vor den Blicken ihres Ehemannes, haben sie diese verbotene Liebesbeziehung.

〇あるいは八九
れて女るつわさ
やべしるちとら
りくろさほしほ
そんづさほくな
れのろろさほゆ
女のろろさ十八
りまのうろさ十八
のれきうみさすみ
るうさちゞべしう
ぬめいうさくよ
ろきみさよこきの
うあふこれろう
うちきゝんつられ
はれりめうちわず
そりうりきゝうれ
られうちきゝられ
うらゝよゝおるりさ
してをひめのろさ
のにとゝうとれ
びべ々ろくとるろ
あち々のゝれんゝ
やを一の訴人分
そくゝゝろろ
うよくかち々
るくもりくゝとち
あゝみくとち
るろつよとゝ
うめのろとよ

11

Für den im Jahr des Ebers geborenen Mann sind Frühjahr und Sommer gute, Herbst und Winter weniger gute Jahreszeiten. Er sollte die Ehe im 19. Winter oder im 20. Herbst schließen; danach entweder in seinem 27. Sommer oder 39. Frühjahr. Die Beziehung wird von zeitweiligen Zänkereien begleitet sein. Er wird keine Kinder haben.

Ein Eber-Mann war in seiner früheren Existenz ein wollüstiger Mensch. Er hatte eine Vorliebe für Freudenmädchen und gab dafür sehr viel Gold und Silber aus. Er kaufte eines der Freudenmädchen frei und machte sie zu seiner Frau. Er fühlte sich stark von ihr angezogen und empfand eine tiefe Zuneigung für sie. Die Frau war sich tief in ihrem Herzen ihrer Liebesgefühle für den Mann sicher und tat alles für ihn. Deshalb verliert sich im gegenwärtigen Leben der Glaube an ihre gegenseitige Liebe nicht, sie gehen wieder eine Ehebeziehung ein und erneuern so ihr Liebesgelöbnis.

12

Für die im Jahr des Ebers geborene Frau sind Frühling und Sommer gute, Herbst und Winter weniger gute Jahreszeiten. Sie sollte in ihrem 16. Winter, 17. Herbst oder 19. Sommer heiraten; danach nur in ihrem 40. Frühjahr. Ihre Beziehung kann mit aller Sicherheit als gut bezeichnet werden. Sie wird wohl keine Kinder haben. Sollte es dennoch geschehen, wird ihr dies viel Leid zufügen.

Eine Eber-Frau hatte in ihrer vergangenen Existenz einen Ehemann. Dieser war ein gutaussehender Mann, ein edelmütiger und friedfertiger Mensch. Schon bald verließ er diese Welt, und obwohl ihre Beziehung zueinander nicht besonders tief gewesen war, verfiel die Frau in Weinen und Klagen. Bewegt durch den Tod ihres Mannes, wurde sie buddhistische Nonne, obwohl sie eigentlich recht wenig von Buddhismus verstand. Von da an betete sie für die Seele ihres verstorbenen Mannes. Als Folge davon wird sie in dem gegenwärtigen Dasein mit ihrem Mann aus dem vergangenen Leben erneut eine Ehebeziehung eingehen.

Isoda Koryusai
Farbholzschnitt, um 1772

Suzuki Harunobu
Farbholzschnitt, um 1760

Katsushika Hokusai
Farbholzschnitt, um 1825

Schule des Iwasa Matabei
Farbholzschnitt, um 1600

○あるじに
ひめゆるをきる
あつの
ほろゑんできた
十人のうちあらは
丸のあつ字れ友
にうるしこ字ぬ
ないあうだう
みむらんきう
そくろうてめ
ひ今こふそれは
けぶいんじの
うへへつてこうも
ゆりゆわなれ
くるわられ
あけくその袋
うけくなはうう
にるうにゆく
てうにはこ
けりてあうの
かゞじのとうらん
うへてそうして
これをりりなくみ
りせんれとうらさ

145

13

Ein im I. oder III. Mond geborener Mann sollte eine im Zeichen des Wassers geborene Frau heiraten. Eine solche Frau hat schöne Gesichtszüge, ein länglich ovales Gesicht und einen weißen Teint; sie ist von kleiner und zierlicher Gestalt. Sie hat leicht schräg nach oben laufende Augen, eine schmale wohlgestaltete Nase und einen lieblichen Mund. Ihr Haar ist ziemlich kräftig, ihre Glieder sind wohlgeformt. Dem Mann gegenüber wird sie sanft sein, ihn lieben und umsorgen und bei ihrem Zusammensein sich sehr hingebungsvoll zeigen.

14

Eine im I. oder III. Mond geborene Frau sollte einen im Zeichen des Metalls geborenen Mann heiraten. Ein solcher Mann hat eine angenehme Sprache. Er ist von etwas kleiner Hautfarbe und hat ein rundes Gesicht und kleine Augen. Er ist groß, aber von schlankem Wuchs. Er ist ein Hitzkopf und Streithahn. Zwar wird er zur Zänkerei neigen, tief im Herzen jedoch seine Frau lieben, sie achten und umsorgen. Kommt ihm seine Frau entgegen, wird die sexuelle und damit die Beziehung insgesamt gut sein. Diese beiden werden ein Leben lang beneidenswert glücklich sein.

149

15

Ein im II. oder XI. Mond geborener Mann sollte eine im Zeichen des Holzes geborene Frau ehelichen. Eine solche Frau ist von Natur aus unauffällig, aber sehr klug. Die Familie des Mannes wird sie jedenfalls achten und schätzen. Sie ist in allen Dingen bescheiden. Sie hat ein rundliches Gesicht und redet mit etwas schriller Stimme. Jedoch der Ausdruck ihrer Augen, ihre Mundpartie und ihre Haartracht sind wirklich angenehm. Sie ist von kleinem Wuchs und hat einen schlanken langen Hals. Ihr Anblick erfüllt jeden mit Wohlwollen. Wenn man sie zur Ehefrau nimmt, wird man an ihr noch viele weitere Vorzüge entdecken.

151

16

Eine im II. oder XI. Mond geborene Frau sollte einen im Zeichen des Holzes geborenen Mann zum Ehegatten haben. Dieser Mann ist vom Gemüt her ein sehr ruhiger Mensch und von Natur aus friedfertig. Von der Körpergröße her zählt er zu den etwas kleineren Menschen. Sein Gesicht ist länglich, seine Nase wohlgeformt; seine äußeren Augenwinkel sind etwas nach unten gezogen, und er hat klare Züge. Seine Sprechweise ist beherrscht. Menschen behandelt er gut, aber da er eine Neigung zu Liebesausschweifungen hat, kann er seine Frau leicht verärgern. Wenn sie ihn jedoch kritisiert und ermahnt, wird er sich ändern bzw. versuchen, es wiedergutzumachen.

17

Ein im IV. oder VII. Mond geborener Mann sollte eine im Zeichen des Metalls geborene Frau zur Gattin nehmen. Diese Frau ist mittelgroß; im Stehen ziehen ihre wohlgerundeten Hüften und ihr Hinterteil die Augen der Leute auf sie. Sie hat ein etwas rundliches Gesicht, eine wohlgeformte Nase, und ihr Mund gleicht der Öffnung eines Kruges. Die Spitzen ihrer Wangen sind rötlich, und ihre feuchtglänzenden Augen wirken angenehm kühl; ihre Bewegungen sind anmutig und geschmeidig, und im Grunde genommen ist alles an ihr reizvoll und gefällig. Ihren Mann wird sie zeitweilig rasend vor Eifersucht machen, aber da er mit ihr nur Außergewöhnliches erlebt, wird er vor lauter Faszination wie gebannt sein.

○四方七月人を
ゆかりく久しにて
の女がらことは
せいかゝ人〱立
すらうの汲
ワりうれゝて
人のあぐらゝ也
くてぶうしらか
そゆれつかく
てんぐうめのへい
くんだうあうのへ
にのまりうてふ
にたゝれにたやう
あくともまつ
あるひかりて
さんゝゝしゝて
あとゝ〱そあり
つろくゝ三あり
うらゝゝかゝは
まんきととは
のゆれにのの
わりくたりの
けろんたゝとし
れんきゝ〱と
うゝてゝゝしく
マんさゝく
うととくしゝ
うことをかしゝ

金性女

かいや

18

Eine im IV. oder VII. Mond geborene Frau sollte einen im Zeichen des Wassers geborenen Mann zum Lebensgefährten haben. Dieser ist von Natur aus etwas dick und hat eine unauffällige Sprechweise, dennoch liebt er es, geckenhaft aufzutreten. Sein Gesicht hat eine längliche Form und ist von einigen Pockennarben gezeichnet; seine Nase ist von aristokratischer Form, und seine Augen sind schmal. Er hat ein vertrauenerweckendes Verhalten, und wenn er sich für eine bestimmte Frau in der Tiefe seines Herzens entschieden hat, wird er keine andere Frau haben wollen. Die Beziehung zu seiner Frau wird sehr harmonisch sein, sie werden einander schätzen und daher auch in der nächsten Existenz nicht voneinander getrennt sein, sondern sie werden Lebensgefährten bleiben und ihre sinnliche Beziehung aufrechterhalten.

〇ことのははる月日

よこの海と女々水

けのをきとくろ

一生れつきを

わたしてもろ

せきさやそのよ

うてをよう

たひうそくゆき

ふのわるぬて

のもなのよろり

けそくりを月々ケ

そるぐートぞ

ずへげんのら

ひみるのくろ

んわらぐいに

んやうきまき

ちくひなやひ

ありずいと

中によてもひ

うるへとちう

いらのをせとり

たってつせまて

るんとるしよ

水性男意

やうきて

業果

19

Ein im V. oder XII. Mond geborener Mann sollte eine im Zeichen der Erde geborene Frau heiraten. Diese Frau hat eine besondere Vorliebe dafür, sich prachtvoll zu präsentieren. Sie ist etwas größer als üblich, hat einen rosigen Teint, ein etwas rundes Gesicht und einen unauffälligen Mund. Sie ist von äußerst rücksichtsvollem Wesen und schätzt das Familienleben. Sie macht sich nichts daraus, wenn man ihre nicht gerade vollkommenen Körperformen – zum Beispiel ihren zu üppig geratenen Hintern – kritisiert, aber sie ist stets darauf bedacht, daß ihr Mann sorgfältig auf sein Äußeres achtet. Denn sollte er Anlaß dazu geben, daß Leute über seine Erscheinung abfällig reden, würde sie ihm ihre Liebe entziehen, und die Beziehung wäre gefährdet. Deshalb sieh dich vor, o Mann!

○みだれ十二月に

くろくわみ女とは

中ちゑ女みだれと

りへつきつきのなく

せそのめのもし

いのすく女くき

いろすれくさ

りいろいろりく

うありろくすく

しまりくあまりき

みまさにしありく

てほりくろくいを

みとるくめて

とこのせうにさ

きりううの皮

くうりうつくく

あくにくづれ

めてこうくに

もうくとまる

あくことまるく

わかぐなそくせ

よりくみんくく

女のんくよん

てれあくれてよき

とりんくそん

しく

20

Eine im V. oder XII. Mond geborene Frau sollte einen im Zeichen des Feuers geborenen Mann zum Partner haben. Der Mann ist von Natur her hellhäutig und von schlankem Körperbau. Ein längliches Gesicht, magere Wangen mit hervorstehenden Backenknochen, dunkle ausdrucksvolle Augen und eine wohlgeformte Nase mit ausgeprägtem Nasenbein charakterisieren sein Erscheinungsbild. Musikalisch begabt, kann er Utai-Texte (Gesänge der klassischen Bühnenkunst des No) gut vortragen. Von Natur aus nicht gerade kraftstrotzend, ist er nach seiner Vermählung mit dieser Frau dennoch gerne bereit, oft und schnell mit ihr zu schlafen. Diese Art entspricht genau den Wünschen der Frau. Ihrer beider Neigung, es so zu machen, sollten sie freien Lauf lassen.

21

Ein im VI. oder VIII. Mond
geborener Mann sollte eine im Zeichen des Feuers Geborene zur Frau nehmen. Diese ist von Natur aus eher un-
scheinbar, mit beinahe rundem Gesicht, glatter und wei-
ßer Haut und einer schönen Nase. Sie hat einen weichen
Mund, lange Haare und sehr weibliche Bewegungen. Ihre
Augen blicken wach in die Welt, und vom Gemüt her ist
sie nicht kindlich. Sie ist von mittelgroßem Wuchs, und ihr
Wesen erfreut jedermann. Die emotionale und erotische
Beziehung dieser beiden wird wirklich harmonisch verlau-
fen. Sie werden ein ruhiges und einträchtiges Leben zusammen verbringen.

○六月八日より
生間くおとこハ山
出さやうれめ房
とりつづき生蓮
つくるやうなど志
ものつやめで
らからしよう
もろみやるか
れもみらうれて
いてくれかいと
ことりわらくに
わけてあわくへ
けしとあくらく
にけくむくめう
女らりためじや
まろくにふみ
おろくにみて
んざきしめろ
くえうをしせら
めたりセうく
わかめくくら
かめのすくかく
りひらうめけ
んのすくくふこと
のまろをなるか
うてくれもう
てられしれら
らくてくもりくん

Eine im VI. oder VIII. Mond geborene Frau sollte einen im Zeichen der Erde geborenen Mann heiraten. Dieser Mann ist von Natur aus von hohem Wuchs. Er hat einen etwas kleinen Kopf, ein ovales Gesicht und einen stechenden Blick. Er ist ein Mensch, der gerne freundschaftliche Beziehungen zu anderen pflegt und sich durch edle Gesinnung auszeichnet. Von unkompliziertem Wesen, ist er ein anpassungsfähiger Mensch, der hingebungsvoll seine Frau lieben und umsorgen wird. So werden sie einander gut verstehen, lebenslang zusammenbleiben und viele Kinder haben.

165

23

Ein im IX. oder X. Mond geborener Mann sollte sich eine im Zeichen des Wassers geborene Frau suchen. Diese Frau besitzt eine große natürliche Intelligenz. Sie ist von robustem Körperbau, eine tapfere, resolute Person. Ihr Teint ist weiß, ihre lebhaften Bewegungen sind faszinierend. Sie nimmt Männern gegenüber kein Blatt vor den Mund, wie es ihrer unbekümmerten Art entspricht. Auf Männer wirkt sie kokett und lüstern, eine sinnliche Herausforderung. Für Männer, junge und alte gleichermaßen, ist ihr Auftreten ein anregender Augenschmaus.

○九月十月の
せうわをさと々
やりせの申われ
ゑんわろ・〈
それつきろうの

せにろくすてに
んゆろ・〈べ
タ々てひやぐ
ゑんんくにろて
のりになこそ

そくとうひそ
あふきとろろ
あておもえも
おてきろゝゆ
のびほきまゝす

あくろろりすぐ
ろくしつ々は
そくおほもさう
わりそれちゃろく
あろにゃしきう

このゆほありり
ハウらゑ所ほも

水性
女

167

24

Eine im IX. oder X. Mond geborene Frau sollte einen im Zeichen des Holzes geborenen Mann heiraten. Dieser Mann, von robustem maskulinem Körperbau und eindrucksvoller Erscheinung, wirkt recht edelmütig. Mit seiner dunklen Hautfarbe, seinem forschen und lebhaften Blick und der leicht gebogenen Nase gilt er als besonders gut aussehend. Allerdings neigt er zur Unduldsamkeit und zettelt oft des Abends Streit mit seiner Frau an. Aber sobald die beiden im Bett sind, stellt sich unvergleichbare Liebe und Harmonie her, und sie schlafen miteinander. So werden sie wohl viele Kinder haben.

169

Es gab einmal am Kaiserhof einen Kavalier, der nicht nur
ein vornehmes Aussehen besaß, sondern dem vor allem
der Ruf voran- und nacheilte, er vermöge bei den Damen
in besonders prächtigem Ausmaß seinen Mann zu stellen.
Als er nun lange Zeit einer sehr schönen, doch auch als
spröde und unnahbar geltenden Dame seine umwerben-
den Bemühungen widmete, gab sie nach zähem Wider-
stand erst nach, nachdem er ihr endlich dieses Gedicht ver-
ehrt hatte:

> *Wahrer Liebe reicht*
> *ein alter Verschlag aus Laub.*
> *Laß uns dort schlafen,*
> *nur aufs Gewand gebettet,*
> *statt auf Kissen aus Seide.*

Das entzückte sie dermaßen, daß sie sich von ihm entführ-
ren ließ. Unbeobachtet schlichen sie davon und schlugen
sich in die lichten Wälder nahe der alten Hauptstadt Nara.
Die Dame wollte nicht allzu lange warten, um den Ruf des
Kavaliers zu erproben, und auch der Kavalier seinerseits
hatte nicht vor, nach der Plackerei der Eroberung weiterhin auf die Beute zu verzichten. Beide ließen sich, ohne
daß sie es ausdrücklich vereinbart hätten, unter dem gleichen Baum nieder und streiften die Kleider ab, wobei sich
die Dame von dem Kavalier helfen ließ; dann gingen sie
unverzüglich zu den vorbereitenden neckischen Spielen
über. Alles verlief für die Dame recht zufriedenstellend,
doch als schließlich der Kavalier zu der entscheidenden
Tat schritt, sah die aufs äußerste angeregte Dame ihre Er-
wartungen enttäuscht. Der Juwelenstab des Entführers
verfügte zwar durchaus über eine ansehnliche Größe, wie
sie sich diese auch erhofft hatte, jedoch wurde der Kavalier

in kurzen Abständen immer wieder genötigt, Erholungspausen einzulegen, was im ganzen zu keinem erfreulichen Eindruck bei der Dame führte. Nachdem die beiden zu guter Letzt zu einem Ende – oder auch keinem – gelangt waren, setzten sie ihren Weg fort. Bald schon sank die Dämmerung herab. Als sie sich dem Akutagawa-Fluß näherten, erblickte die Dame frischen Tau, der dort auf dem Gras lag, und fragte:

»Was bedeutet denn diese Erscheinung?«

Der Kavalier dachte bei diesem Wort an die Dämonen, die in jener Gegend ihr Unwesen treiben sollten, und ihm war nicht wohl ums Herz. Als nun ein Gewitter heraufzog und ein Regenschauer niederzugehen begann, eilte er zu einer nahegelegenen alten Scheune und veranlaßte die Dame, dort Unterschlupf zu suchen. Er selbst stellte sich mit Schwert und Bogen vor die Eingangstür, um sie zu bewachen, wobei er inständigst hoffte, daß die von Donnerschlägen durchdröhnte Nacht bald vorüber sein möge.

Als am Morgen – es war kaum richtig hell geworden – der Kavalier nach der Dame sehen wollte, war die Scheune leer. Er konnte es sich nicht anders erklären, als daß seine entführte Liebste von einem Dämon verschlungen worden war; vermutlich hatte er ihre Hilfeschreie beim Lärm des Gewitters nicht hören können. Da stand er nun im Morgengrauen, erfüllt von Wut und Trauer, stampfte mit den Füßen auf und sprach das folgende Gedicht:

> »*Als sie mich fragte:*
> ›*Was glänzt da? Perlen vielleicht?*‹
> *hätte ich besser*
> *erwidert:* ›*Der Tau, der ist's*‹,
> *und wär' verdunstet wie er.*«

Er wagte nicht, sich vorerst bei Hofe sehen zu lassen, bis er erfuhr, daß die entführte Dame längst schon wieder wohl-

behalten dort lebte. Er konnte sich das zwar nicht erklären, gewann aber allmählich die Erkenntnis, daß nicht ein
Dämon sich nachts über die Schöne hergemacht hatte,
sondern daß sie durch ein von ihm nicht bemerktes Loch in
der Rückwand der Scheune geflohen war – und das trotz
Donner, Regen, Dunkelheit und Dämonen. Stärker als
ihre Furcht vor diesen Dingen war nämlich ihre Enttäu-
schung über seine kläglich gescheiterten Liebesattacken
gewesen. So war sie heimlich, vom Regen durchweicht, in
den Palastbezirk zurückgekehrt; nur ganz wenige ihrer
Vertrauten erfuhren etwas von ihrer Entführung und dem
Grund ihrer reumütigen Rückkehr.

Ein Kavalier aus der Provinz hatte eine Liebste, an der er sehr hing. Trotzdem nahm er eines Tages Abschied von ihr, denn er wollte unbedingt eine höhere Stellung erreichen; dazu mußte er in die Hauptstadt, um in den Dienst bei Hofe eintreten zu können.

Es dauerte drei Jahre, bis er wieder zurückkehrte. Inzwischen hatte aber die Dame, die seine Liebste gewesen war, vom ständigen Warten genug; deshalb sagte sie einem anderen Mann, der sich schon lange um sie bemühte, endlich zu:

»Heute in der Nacht werde ich Euch zu mir einlassen.«

Das tat sie dann auch. Genau am gleichen Abend kam der Kavalier aus der Hauptstadt zurück. Er klopfte an und rief:

»Mach mir auf – ich bin's!«

Die Dame hatte gerade ihre Schenkel gespreizt, als sie draußen rufen hörte und sogleich die Stimme ihres früheren Liebhabers erkannte. Sie drängte den neuen Verehrer, der soeben zu stoßen anfangen wollte, energisch zurück und verschränkte rasch ihre Beine. Sie öffnete jedoch die Tür nicht, sondern schrieb im Handumdrehen folgendes Gedicht, das sie durch eine Dienerin hinausschicken ließ:

Umsonst habe ich
drei Jahre meines Lebens
auf Euch gewartet.
Ein andrer liegt heute nacht
deshalb auf meinem Kissen.

Als der Kavalier dieses Gedicht gelesen hatte, drehte er sich ohne ein Wort um und ging fort. Die Dame hatte eine Antwort erwartet, mußte aber feststellen, daß er stumm davongeeilt war. Da überfiel sie unversehens eine tiefe Traurigkeit; sie kleidete sich geschwind an und hastete ihm nach, konnte ihn aber nicht mehr antreffen. Erschöpft sank sie unterwegs an einer Quelle nieder und verfaßte dieses Gedicht:

Ach, warum ging er,
ohne daß ich ihn aufhielt?
Wenn er bloß wüßte,
wie ich immer nur Liebe
für ihn empfunden habe!

Sie kam aus der Ohnmacht, in die sie gesunken war, wieder zu sich, als jemand sie von hinten umfaßte und zärtlich an sich drückte. Es war der Kavalier, der ebenfalls seine Meinung geändert hatte und wieder umgekehrt war. So hatte er sie an der Quelle gefunden und sie mit zärtlichen Berührungen zu sich gebracht. Ohne Unterlaß fuhr er fort, sie zu liebkosen; in beiden wuchs das Feuer, dem sie drei Jahre keine Nahrung gegeben hatten, bis sie sich unter einem Strauch nahe dem Wasser vereinigten.

Ein Kavalier vom Hofe unterhielt mit einer Dame ein Liebesverhältnis. Sie war eine, der alles an der Liebe und ihrem Treiben viel Vergnügen bereitete; ihm aber erwuchs daraus die Sorge, sie könnte ihm leicht untreu werden. Weil sie sich besonders gern von ihm entkleiden und auch wieder anziehen ließ, überreichte er ihr eines Tages das folgende Gedicht:

> *Niemals das Hüftband*
> *lösen sollt Ihr als vor mir,*
> *selbst wenn es so schwer*
> *Euch würde wie der Blüte,*
> *bis zum Nachthauch zu harren.*

Die Dame, die überaus gewitzt war, ärgerte sich ein wenig darüber und drückte das in diesem Antwortgedicht aus:

> *Habt Ihr vergessen,*
> *daß wir zusammen das Band*
> *um mich geschlungen?*
> *Allein kann ich den Knoten*
> *nicht lösen, ehe Ihr kommt.*

Auf solche Art verwies sie dem Kavalier seine Eifersucht. Ob's auf die Dauer geholfen hat – wer weiß es?

Bei den Feierlichkeiten, die anläßlich der Bestattung einer Persönlichkeit aus der kaiserlichen Familie veranstaltet wurden, war ein Kavalier heimlich in den Ochsenwagen gestiegen, in dem seine Liebste, eine Dame der Hofgesellschaft, saß, die auch als Gast an den Zeremonien teilnahm. Er hatte dies tun können, weil es bereits Abend war und ziemlich dunkel. Natürlich ließ er die günstige Gelegenheit nicht ungenutzt und veranlaßte die Dame, sich rittlings auf seinen Schoß zu setzen, nachdem er ihre – und seine – Gewänder so weit, wie es unter den gegebenen Umständen möglich war, gelockert hatte.

Während die beiden damit beschäftigt waren, sich miteinander zu vergnügen und dabei die gebührende Vorsicht nicht zu vergessen, trat der in der ganzen Hauptstadt als großer Frauenheld bekannte Minamoto an den Ochsenwagen heran; er schien zu glauben, eine Dame befinde sich allein darin. Also begann er mit verliebten, werbenden Reden, was die beiden im finsteren Wageninnern ja noch hinnehmen mochten. Als er aber einen herumfliegenden Leuchtkäfer einfing und ihn aus seiner Hand in das Wageninnere hinein entließ, erschrak der Kavalier, denn er dachte: Wenn ich den Leuchtkäfer jetzt nicht fange, kann sein Schimmer verraten, in welcher Lage wir uns hier befinden. Also meinte er:

> *»Kurz war das Leben,*
> *das wir beweinen müssen.*
> *Verlischt nun ein Licht,*
> *ist vorüber die Reise,*
> *und es bleibt nur das Dunkel.«*

Gleichzeitig schaffte er es, den Leuchtkäfer in seiner hohlen Hand zu verbergen. Doch Minamoto, der listige und erfahrene Kavalier draußen vor dem Wagen, erwiderte mit einem anderen Gedicht:

> *»Gerührt ist mein Herz,*
> *wenn ich die Klage höre.*
> *Doch wer weiß denn schon,*
> *ob mit dem einen Schimmer*
> *alles nun erloschen ist?«*

Damit hatte der Frauenheld seinem Verdacht zwar einen wortgewandten Ausdruck verliehen, aber seine Augen vermochten ihn nicht zu bestätigen.

Ein wohlhabender Kavalier hatte sich ein geräumiges Haus gebaut. Es stand in der unmittelbaren Nachbarschaft der Residenz einer kaiserlichen Prinzessin, die zu ihrem Umgang einige vornehme Damen bei sich hatte. Unter diesen befanden sich manche mit beachtlichen Vorzügen, was dem Kavalier, der kein Frauenverächter war, durchaus nicht entging.

Eines Tages bemerkten die Hofdamen, daß der Kavalier, der auch ein Landgut sein eigen nannte, Anstalten traf, um die Reisernte einzubringen. Sie sagten untereinander:

»Ist so etwas denn einem derart eleganten und charmanten Herrn angemessen?«

Gemeinsam begaben sie sich zu seinem Haus. Der Kavalier sah sie rechtzeitig kommen, und da er nicht gebührend gekleidet war, versteckte er sich in einem der hinteren seiner zahlreichen Räume. Die Damen, die niemand zu ihrer Begrüßung antrafen, lachten und riefen dann:

>*Verlassen das Haus!*
Wieviel Leben hat es wohl
entfliehen gesehen!
Ob jener, der hier gewohnt,
jemals wiederkehren wird?«

Darauf begannen sie, einzeln oder zu zweien, durch die Vielzahl der Zimmer zu streifen, die so verödet dalagen. Als eine der schönsten Damen zufällig in den Raum sah, wo sich der Kavalier verborgen hielt, zog er sie geschwind herein und bedeutete ihr mit einem Fingerzeig, sich ganz still und ruhig zu verhalten. Sie lächelte, und um ihr Einverständnis zu zeigen, lockerte sie ihre Gewänder und umarmte ihn. Ehe er aber, ohne daß von beiden Seiten ein

lautes Wort gefallen wäre, der Aufforderung folgte, sich
der Liebe hinzugeben, schrieb er ein Gedicht auf ein Blatt
und warf es in den Hauptgang. Bald fanden es die anderen
Damen und lasen nun:

> *Die hier von Unkraut*
> *umstand'ne Hütte dient nur*
> *lüsternen Teufeln*
> *als Zuflucht, wo sie heimlich*
> *schöne Damen sich nehmen.*

Die Hofdamen brachen, als sie das zur Kenntnis genommen hatten, in ein munteres Gelächter aus. Bald verließen
sie, heiter gestimmt, das Haus, ohne daß bemerkt wurde,
daß eine von ihnen, deren Gewänder etwas in Unordnung
geraten waren, sich erst zum Schluß wieder zu ihnen ge-
sellte.

Eine Hofdame hatte sich in den Diensten des Kaiserhofes
so ausgezeichnet, daß sie sogar die verbotenen Farben tragen durfte, die nur den höchsten Beamten vorbehalten
sind. In sie verliebte sich ein junger Kavalier, der ebenfalls
bei Hofe in viel bescheidenerem Amt und Würden stand.
Er gewöhnte es sich an, ihr nachzulaufen und sich mög-
lichst viel in ihrer Nähe aufzuhalten. Eines Tages wurde
ihr das zuviel, und sie verwies es ihm:

»Mein Herr, Euer Verhalten ist so auffällig, daß wir alle
beide in schlechten Ruf kommen werden.«

Er aber antwortete ihr darauf mit einem Gedicht:

> *So nehmt zur Kenntnis:*
> *Mich hat die Liebe besiegt,*
> *heimlich nur kann ich seufzen.*
> *Euer Anblick entschädigt mich aber*
> *für allen Kummer.*

Diesen Worten ließ er auch insofern die Tat folgen, als er
ihr selbst in ihre Amtsräume nachging und sich dort zu ihr
setzte. Der schönen Dame wurde das schließlich derart
peinlich, daß sie sich vom Dienst beurlauben ließ, um sich
in ihr eigenes Haus zurückziehen zu können. Das hielt ihn
jedoch nicht davon ab, häufig um ihr Haus zu streichen
und gelegentlich auch Unachtsamkeiten der Dienerschaft
auszunützen, um dort einzudringen und ihr seine ungebro-
chene Verehrung zu bezeigen.

Die Dame, die darunter sehr litt, ergriff eine Gelegenheit, um ihrem lästigen Verehrer gut zuzureden, sich ihr
zuliebe doch einer Reinigungszeremonie zu unterziehen,
die ihn von der Leidenschaft befreien sollte. Nur wegen ihr
erklärte er sich einverstanden, ließ dazu Yin-yang-Meister
und Schreinsdienerinnen kommen und zog mit ihnen an

den Fluß. Er betete mit ihnen, daß die Götter ihm helfen und Buddha sein Herz läutern solle. Als er sich nach dem Ritual auf dem Rückweg befand, drückte er seinen Zustand so aus:

> *Die Waschung am Fluß*
> *sollte mich ganz reinigen*
> *von der Leidenschaft.*
> *Die Götter aber, ich spür's,*
> *erhörten mein Gebet nicht.*

Als auch nach diesem Versuch alles so weiterging wie bisher, wurde der junge Kavalier, der über seiner Leidenschaft seine Pflichten sträflich vernachlässigt hatte, seiner Dienste entbunden und vom Hof verbannt. Noch schlimmer ereilte das böse Geschick die Dame. Vermutlich auch aufgrund von Intrigen ihrer Neider, die ihr den raschen Aufstieg in höchste Hofämter nie gegönnt hatten, wurde sie ganz aus dem Palastdienst entlassen und – anscheinend zur Strafe dafür, daß sie das Liebesverlangen eines feurigen jungen Mannes auf sich gezogen hatte – in ein Speicherhaus eingesperrt. Dort hatte sie viel Zeit zum Nachdenken und schrieb, während ihr die Tränen herabrollten, das Gedicht:

> *Keinem grolle ich,*
> *wenn ich darüber sinne,*
> *warum ich im Netz*
> *des Fischers gefangen bin,*
> *wie es dem Strandkrebs erging.*

Jede Nacht kam aber der junge Mann, dessen Verbannungsort nicht allzu weit entfernt lag. Er konnte zwar nicht mit ihr sprechen, doch blies er die Flöte so wundervoll und sang auch mit einer so angenehmen Stimme, daß die Dame allmählich keine Verbitterung mehr empfand. Jeden Abend wartete sie nun darauf, daß er erschiene und ihr

von seiner Liebe künde. Einmal trug er dieses Gedicht
vor:

> *»Wie wenig es hilft,*
> *mein Hinundhergehen,*
> *es gilt weiterhin:*
> *Meine Schritte lenkt allein*
> *die Sehnsucht, die Liebste zu sehen.«*

Als er einige Tage – oder vielmehr Nächte – nicht gekommen war, wurden die Wächter nachlässig. Deshalb gelang es ihm, in einer Nacht in das Speicherhaus zu gelangen, wo er endlich wieder die so lang vermißte Dame erblicken konnte. Sie wirkte kränklich, blühte aber bei seinem Erscheinen sichtlich auf; ihr schweres Schicksal hatte sie seiner beharrlichen Liebe zugänglich gemacht. Was Wunder, daß sie sich ihm mit aller Zärtlichkeit hingab und daß er seiner Leidenschaft nun doch noch genügen konnte! Da niemand etwas gemerkt hatte, beschlossen sie, nachdem sie beide ihre Gewänder wieder in Ordnung gebracht hatten, gemeinsam zu fliehen, um sich an einem abgelegenen Ort weit hinten in der äußersten Provinz nur noch ihrer Liebe zu widmen.

Und so geschah es dann auch.

Ein vornehmer Kavalier reiste als kaiserlicher Gesandter zum Heiligtum des Schreins in Ise. Die Mutter der dortigen Oberpriesterin hatte vorher ihrer Tochter mitgeteilt, wer da komme, und ihr dringend empfohlen, diesen Gast in ganz bevorzugter Weise zu behandeln. Dem Rat ihrer lebenserfahrenen Mutter kam die Priesterin in allem nach; sie bewirtete und umsorgte den Gast mit aller nur möglichen Aufmerksamkeit. Wenn er am Morgen zur Jagd ritt, begleitete sie ihn sogar bis ans Tor, und wenn er am Abend heimkehrte, begrüßte sie ihn in eigener Person.

Die junge Oberpriesterin war so entzückend, daß der Kavalier sich leidenschaftlich in sie verliebte. Nach ein paar Tagen nahm er sich ein Herz und sagte in einem günstigen Augenblick, in dem keine andere Person es hören konnte:

»Mein innigster Wunsch wäre es, wenn wir miteinander schlafen könnten.«

Auch sie hatte gleichzeitig mit ihm ein starkes Verlangen gespürt, aber mit Rücksicht auf ihre Stellung nichts in dieser Richtung anzudeuten gewagt. Nachdem also ihrer beider Verlangen ihnen offenbar geworden war, bestand da noch die Schwierigkeit, daß es hier am Schrein viele wachsame Augen gab. Allerdings hatte der Gesandte wegen seines Ranges ein Schlafzimmer in demselben Flügel des Gebäudes angewiesen bekommen, in dem sich auch die Räumlichkeiten der Oberpriesterin befanden. Als nun am Abend nach seinem Liebesgeständnis der Kavalier mit offenen Augen auf seinem Lager ausgestreckt lag und an die Schöne dachte, stand sie plötzlich im verschwimmenden Schein des Mondes unter der Tür. Glückstrahlend sprang er auf und führte sie mit sanftem Griff an der Hand zu seinem Lager. Ohne daß sie ein einziges Wort wechselten, begann er sie mit zärtlichen Händen zu entkleiden, streichelte dann über ihre weißen Brüste, ihre Schenkel, ihren Bauch und legte sie schließlich zurecht, um seinen hochaufgerichteten Juwelenstab in ihre Lotushöhle zu schieben. Sie erwiderte seine Stöße voll Leidenschaft, blieb bei ihm bis weit in die Nacht, entfernte sich aber lautlos, noch ehe die geringste Dämmerung zu erahnen war.

Den Rest der Nacht verbrachte der Kavalier ohne Schlaf. Am Morgen ließ sie sich nicht sehen, als er wieder zur Jagd auszog. Er war an diesem Tag überhaupt nicht bei der Sache, denn unaufhörlich dachte er daran, ob er wohl in der nächsten Nacht wieder mit ihr zusammen schlafen würde. Als er am frühen Abend zum Schrein und den ihn umgebenden Gebäuden zurückkehrte, erwartete ihn ein Bote vom Kaiserhof; durch ihn erfuhr er, daß er unmittelbar darauf weiterreisen müßte und nicht einmal diese Nacht hier verweilen könnte. Er würde also kein zweites Mal mit ihr das Lager teilen können. Zum Abschied überreichte ihm eine Dienerin eine Schale mit Reiswein, ein Geschenk der Oberpriesterin. Er nahm sie entgegen und leerte sie; dabei entdeckte er auf der Wölbung die von ihr aufgemalten Verse:

> *Das Wasser, zu seicht,*
> *um einen, der es durchschritt,*
> *den Saum zu nässen –*

Die beiden letzten Zeilen fehlten. Der Kavalier brach von der Pechfackel, die einer seiner Diener hielt, ein Stückchen Holzkohle ab und schrieb damit auf die Schale:

> *– drum wird er, sei des gewiß,*
> *den Bach nochmals durchwaten.*

Danach gab er der Dienerin die geleerte Schale zurück. Gleich darauf ritt er samt seinem Gefolge eilends fort.

Ein gebildeter, feinsinniger Kavalier hatte unter seiner Dienerschaft eine Zofe aus guter Familie; in diese verliebte sich ein junger Hofbeamter. Er sandte ihr Briefe mit Gedichten, doch da sie noch sehr jung und unerfahren war, wußte sie nicht, wie sie ihm antworten sollte; ihr fielen weder die richtigen Ausdrücke ein, noch war sie imstande, gar ein Gedicht zu verfassen. Als ihr Herr davon erfuhr, gab er ihr einen Briefentwurf, den sie abschrieb und an ihren Verehrer überbringen ließ. Das gefiel diesem dermaßen gut, daß er ihr voll Bewunderung erwiderte:

> *Denke ich an Euch*
> *und starre in den Regen,*
> *strömt der Tränen Fluß,*
> *der mir die Ärmel feuchtet,*
> *aber nicht zu Euch mich führt!*

Als nächstes kam wieder ein Gedicht der Zofe, das natürlich von ihrem Herrn verfaßt worden war:

> *Wie seicht muß er sein,*
> *der Fluß der Tränen,*
> *der nur die Ärmel feuchtet!*
> *Vertrauen will ich Euch erst,*
> *wenn der Fluß Euch überschwemmt.*

Der junge Hofbeamte war von dieser Erwiderung so beeindruckt, daß er das zusammengerollte Blatt zur ewigen Aufbewahrung in seine Briefschatulle tat.

Als er dem Mädchen schon nähergekommen war, sandte er ihr eines Tages einen Brief, in dem er seinen nächsten Besuch bei ihr von dem Umstand abhängig machte, ob der drohende Regen tatsächlich kommen oder ob er ausbleiben würde. Umgehend brachte ein Bote ihren

Antwortbrief in Form eines Gedichts, das wie immer der Herr für die Zofe geschrieben hatte:

> *Ich mag nicht fragen,*
> *wie stark Eure Sehnsucht ist;*
> *mein Stolz ist zu groß.*
> *Anstatt mir wird der Regen*
> *Eure Liebe erproben.*

Der junge Mann war davon so hingerissen, daß er sich weder um einen Strohumhang noch um einen Hut kümmerte, sondern sogleich aus dem Haus stürzte. Tropfnaß und außer Atem traf er in der Dämmerung bei seiner Liebsten ein. Sie empfing ihn so, wie er es diesmal verdient hatte: Geschickt zog sie ihm das vor Feuchtigkeit an ihm klebende Gewand aus, rieb ihm, der vor Erregung und Kälte zitterte, den Körper mit angewärmten Tüchern trocken und legte sich dann zusammen mit ihm auf das vorbereitete Lager. Ihre warm, ja erhitzt gewordenen Glieder verschlangen sich ineinander, und voll Leidenschaft gaben sie sich dem Liebestreiben hin. Das nahm den jungen Mann so in Anspruch, daß er gar nicht erwartete, seine Liebste werde ihn auch jetzt mit treffenden Versen unterhalten. Das war gut so, denn in dieser Lage stand ihr Herr nicht zur Verfügung.

ANMERKUNGEN
ZUM TEXT UND ZU DEN ABBILDUNGEN

»Die Vergnügungen der Liebe...« Ein Werk des Meisters Hishikawa Moronobu (1618–1695), erschienen Anfang 1683.

»Shijuhatte.« Texte unter Benutzung einschlägiger Lehrbücher und Übersetzungen des 19. Jahrhunderts.

»Die geheimnisvollen Eigenheiten...«; »Die Möglichkeiten der glückseligen Vereinigung...«; »Der Liebe Lust...« Die Text- und Bildvorlagen dieser drei Kapitel gehen auf das Werk Onna-Shimegawa-Kaeshi-Bumi-Zen (Endgültige Antwort auf alle Fragen über die richtige Erziehung liebesbereiter Frauen, um 1745) zurück. Gedichte und Texte nach neubearbeiteten älteren Übersetzungen.

»Tagebuch einer Geisha.« Aus einer Sammlung des 19. Jahrhunderts nach Texten von Ibara Saikaku (1642–1694).

»Das Kopfkissenbuch...« Nach dem Sanzaeisho makura (1687 erschienen) des Meisters Hishikawa Moronobu. Der Text dieses horoskopischen Kopfkissenbuchs nach der Übersetzung von T. Akiko und G. Hilpert.

»Aus dem neuen Ise-Monogatari.« Berühmteste Geschichtensammlung des japan. Mittelalters. Den Texten liegen neubearbeitete ältere Übersetzungen zugrunde.

HEYNE TASCHENBÜCHER

Liebe und Partnerschaft

Zwischenmenschliche Beziehungen heute: Probleme, Analysen, Lebenshilfe.

Dr. Joyce Brothers
Ich liebe ihn und ich möchte ihn auch verstehen
Was jede Frau über die Männer wissen muß

01/6640

CLAUSS VANDERBORG
HANDBUCH FÜR MACHOS
Wie man(n) Frauen dressiert

01/7679

ALICE KAHN LADAS
BEVERLY WHIPPLE / JOHN D. PERRY
Eine revolutionäre Entdeckung der Sexualwissenschaften:
Der G-punkt
das stärkste erotische Zentrum der Frauen

08/9233

TRACY CABOT
Wie bringe ich eine Frau dazu, sich in mich zu verlieben?
Liebesstrategien für den Mann

01/8036

Nathaniel Altman
Handlinien der Liebe
Liebe, Partnerschaft und Sexualität im Spiegel der Hand

08/9296

André H. Lemoine
DAS CHINESISCHE LIEBES HOROSKOP
Die Kunst der Verführung nach der chinesischen Astrologie

08/9210

CLAUDIA VANDERBORG
HANDBUCH FÜR EMANZEN
Wie frau Männer dressiert

01/7678

PSYCHO
Ulrich Beer
Achtung Eifersucht!
Wenn Liebe zur Qual wird
Wege aus dem Beziehungsdreieck

17/4

 **EROTISCHE LITERATUR**

Der Eros unserer Zeit. Sinnliche Meisterwerke internationaler Spitzenautoren.

50/40

50/50

01/8065

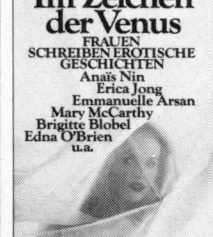

01/6469

01/6874

01/7847

01/7814

01/7875